heptagon

LUISE KAUTSKY: GESAMMELTE SCHRIFTEN

HERAUSGEGEBEN VON GÜNTER REGNERI

BAND 3

Luise Kautsky

Kluge Männer

–

Gedanken über führende Köpfe der sozialistischen Bewegung

Bibliografische Information der Deutschen Bibliothek:
Die Deutsche Nationalbibliothek verzeichnet diese Publikation in der Deutschen Nationalbibliografie. Detaillierte bibliografische Daten sind im Internet unter http://dnb.d-nb.de abrufbar.

ISBN: 978-3-96024-002-0

Pappelallee 55, 10437 Berlin
info@heptagon.de

1. Auflage 2019

Herstellung: BoD - Books on Demand, Norderstedt

Dieses Buch ist auch als E-Book (ISBN: 978-3-96024-001-3) erhältlich.

Besuchen Sie uns im Internet: www.heptagon.de

Inhalt

Einleitung

Die Autorin Luise Kautsky gehörte in den ersten vier Dekaden des 20. Jahrhunderts zu den bekanntesten Persönlichkeiten der internationalen sozialistischen Bewegung. Ihr damaliger Bekanntheitsgrad kann überhaupt nicht überschätzt werden. Er reichte sogar bis in die menschengemachte Hölle der nationalsozialistischen Vernichtungslager. Als sie als 80-jährige nach Auschwitz-Birkenau verschleppt wurde, retteten Mitgefangene Luise Kautsky vor der Gaskammer, indem sie sie von der Selektionsrampe in den Krankenblock des Lagers schmuggelten. Trotz aller Bemühungen starb Luise Kautsky dort am 8. Dezember 1944.

Geboren wurde Luise Kautsky am 11. August 1864 in Wien als Luise Ronsperger, Tochter einer wohlhabenden jüdischen Familie, die im 4. Bezirk (Wieden) eine Konditorei betrieb. Luises vollständig assimilierte Eltern sorgten für eine profunde Schulausbildung. Auf der Höheren Bildungsschule des Wiener Frauen-Erwerb-Vereins lernte Luise unter anderem Englisch, Französisch sowie im Abendkurs auch Italienisch.

1890 heiratete sie den sozialistischen Theoretiker Karl Kautsky und siedelte nach Deutschland über, erst nach Stuttgart, 1897 nach Berlin. In den 1920er Jahren kehrten die Kautskys nach Wien zurück, wo sie bis 1938 lebten. Vor den Nazis floh Luise Kautsky mit ihrem schwerkranken Mann nach Amsterdam, wo Karl kurze Zeit später starb.

Luise Kautsky arbeitete – wie damals durchaus üblich – unbesoldet als Privatsekretärin und Übersetzerin ihres Ehemanns. Sie verwandelte ihr Zuhause in eine offene Heimstatt für alle Sozialistinnen und Sozialisten, ungeachtet dessen woher sie kamen. Ihre Sprachkenntnisse nutzte sie, um ein »soziales

Netzwerk« mit zahllosen Menschen aus aller Welt zu knüpfen. Ihre private Briefkorrespondenz – ohne den Geschäftsverkehr für Karl und ohne die Briefe an Familienmitglieder – umfasst über 500 Adressaten.

Im Schatten ihres Ehemanns trat Luise Kautsky selbst als Publizistin in Erscheinung. Ihr Œuvre umfasst mehrere hundert Druckseiten. Über einen Zeitraum von mehr als vierzig Jahren übersetzte sie mehrere Bücher und diverse Artikel aus dem Französischen und Englischen, rezensierte belletristische und sozialistische Literatur und verfasste Texte für Bücher und Zeitschriften. Innerhalb des internationalen Netzwerks sozialistischer Zeitschriften waren ihre biografischen Artikel anlässlich von Gedenk- oder Todestagen besonders beliebt.

Texte solcherart beinhaltet das vorliegende Buch. Luise Kautsky porträtiert darin achtzehn Persönlichkeiten der internationalen sozialistischen Bewegung des 19. und frühen 20. Jahrhunderts. Luise Kautsky kannte die Mehrzahl der Männer persönlich und war mit den meisten befreundet.

Zu ihren Lebzeiten genossen alle beschriebenen Männer hohe Bekanntheit und innerhalb der Arbeiter*innenbewegung große Autorität. Dagegen sind einige von ihnen heute aus der öffentlichen Erinnerung verschwunden.

Die berühmteste der beschriebenen Persönlichkeiten ist zweifellos Karl Marx, den Luise Kautsky zu ihrem größten Bedauern nicht mehr persönlich kennengelernt hatte.

Alle anderen Poträtierten kannte sie jedoch persönlich und mit vielen war sie sogar eng befreundet. So etwa mit Hermann Müller, dem letzten parlamentarisch gewählten deutschen Reichskanzler und zeitweiligen Vorsitzenden der SPD. Mit August Bebel, Wilhelm Liebknecht und Hugo Haase charakterisiert Luise Kautsky drei weitere SPD-Vorsitzende und zwei KPD-Vorsitzende mit Karl Liebknecht und Paul Levi. Hinzu kommen aus dem Kreis der deutschen Sozialdemokratie Leo Arons, der Finanzier des ersten Berliner Gewerkschaftshauses, und Karl Kautsky, der wichtigste Theoretiker der Zweiten Internationale vor dem Ersten Weltkrieg.

Der Franzose Jean Jaurès stand ebenfalls einer sozialistischen Partei vor, der Section française de l'Internationale ouvrière (SFIO). Bis seiner Ermordung am 31. Juli 1914 gehörte er zu den entschiedendsten Friedenskräften innerhalb der Zweiten Internationale.

Der Reigen wird ergänzt durch Herman Greulich, den Gründer der Sozialdemokratischen Partei der Schweiz und die russischen Sozialisten Paul Axelrod, Julius Martow, Georgi Plechanow sowie Lenin und Trotzki.

Auch zwei mit der Arbeiterbewegung verbundene Künstler werden porträtiert: der österreichische Theatermaler Hans Kautsky und der russische Schriftsteller Maxim Gorki.

Das vorliegende Buch ist als Lesebuch konzipiert. Es folgt den von Luise Kautsky im Zeitraum von 1919 bis 1937 publizierten Buch- und Zeitungsartikeln. Die Orthografie wurde behutsam an die neue Rechtschreibung angepasst, offensichtliche Fehler im Druck wurden stillschweigend korrigiert, die Schreibweise von Personen, Organisationen und Zeitschriften vereinheitlicht.

Günter Regneri

Leo Arons

(1860 – 1919)

Quelle: »Leo Arons. Ein Gedenkwort«, in: ***Freie Welt. Illustrierte Wochenschrift der USPD***, 1 (1919), Heft 28, 29. November 1919, S. 5.

Mit Leo Arons ist ein Mann dahingegangen, der es verdiente, dass ihm nicht nur seine engeren Parteigenossen Worte der Anerkennung und der Trauer ins Grab nachgerufen haben, sondern dem auch wir unbeschadet unserer Meinungsunterschiede noch heute, einige Wochen nach seinem Tode, ein Wort der Erinnerung widmen wollen.

Den Vielen, die sich noch aus den Zeiten, da wir eine einige Partei waren, des Genossen Leo Arons erinnern, und die ihm als solchen gewiss ein gutes Andenken bewahren, möchte ich ins Gedächtnis rufen, welch ein Mensch er gewesen ist.

Ja, ich möchte fast sagen, dass er mir als Mensch immer höher stand denn als Parteigenosse, so wie ihm selbst sein Menschentum höher stand als alles Parteiwesen. Wenn auf einen das Dichterwort zutraf »Edel sei der Mensch, hilfreich und gut«, so war es Leo Arons. Für ihn war der Sozialismus nicht bloß ein Lippenbekenntnis, es war ihm heiliger Ernst damit, sein ganzes Wesen war von ihm durchdrungen und jede seiner Handlungen von ihm diktiert.

Diese seine sozialistische Überzeugung verlieh ihm eine sittliche Kraft, die auf jeden wirkte, der mit ihm verkehrte, verlieh ihm auch jene starke Freudigkeit, die sich jedem mitteilte, der mit ihm in nähere Berührung trat. Wie ein warmer, wohltuender Hauch ging es von ihm aus, und diese Herzenswärme, die er allen Menschen und Dingen entgegenbrachte, war sein ganz besonderes Kennzeichen. Daneben hatte er wirklich Humor und eine schalkhafte Grazie, wie sie nur jenen Auserlesenen des Schicksals gegeben ist, die sich zur vollen inneren Harmonie durchgerungen haben. Und das war wohl bei ihm der Fall.

Die ungemein günstigen äußeren Lebensverhältnisse, in denen er geboren und aufgewachsen war, gestatteten ihm zeitlebens, praktischen Sozialismus dort zu üben, wo sich dies mit materiellen Mitteln tun ließ und oft Ideen verwirklichen zu helfen, die sonst zum Scheitern verurteilt gewesen wären.

Groß ist die Zahl der Parteigenossen, denen er im Stillen geholfen, deren Studium er gefördert, und zahlreich sind die Institutionen, die er begründen half und die er dauernd unterstützte. Das publizistische Organ seiner Richtung, die ***Sozialistischen Monatshefte***, verdanken ihm die materielle Existenz.

Hing er aber auch mit allen Fasern seiner Überzeugung an dieser Richtung, die man seiner Zeit als die revisionistische zu bezeichnen pflegte, so war er doch nicht so engherzig und kleinlich, nicht auch Andersgesinnten zu helfen Ich habe oft genug Gelegenheit gehabt, an seine Hilfe zu appellieren und mir Rat bei ihm zu holen, und meist ließ er dem Rat sogleich die Tat folgen. Für bestimmte Parteizwecke, für Sammlungen auf Listen oder in Einzelfällen, besonders für lernbegierige jugendliche Proletarier hatte er stets eine offene

Hand, und nie habe ich eine Fehlbitte bei ihm getan. Denn Arons hatte ein starkes Pflichtbewusstsein und war streng gegen sich selbst, was ihm ein Recht gab, auch von anderen das Gleiche zu verlangen.

Dieses Pflichtgefühl und eine bei aller Milde gewisse Strenge durften hinwiederum in seinem Charakterbild nicht fehlen; ohne diese beiden Eigenschaften hätte er es nicht zur Vollendung in dem Beruf gebracht, für den er von Natur so recht eigentlich geschaffen war: im Lehrberuf. Er war geboren zum Lehrer, zum Pädagogen, zum Jugendbildner. Man muss ihn im Verkehr mit Kindern und jungen Leuten gesehen haben, um den ganzen Zauber seines Wesens kennengelernt zu haben. Erziehungsfragen aller Art, handelte es sich um Fortbildungs- oder Fachschulen, um Arbeiterbildungs- oder Gewerkschaftsschulen, um Arbeiterhochschulen oder um die bürgerliche Universität, haben ihn stets gleichermaßen aufs Höchste interessiert und beschäftigt. Manches gute und kluge pädagogische Wort habe ich aus seinem Munde darüber gehört und mir dankbar zu eigen gemacht.

Dass ihm durch die Tücke des alten Systems sein Lehramt genommen wurde (wodurch sich die Regierung selbst ein Denkmal der Kulturschande gesetzt hatte), hat dem aufrechten Mann, dem das Lehren Lebensbedürfnis war, eine nie heilende Wunde zugefügt.

Aber sein Mut ward dadurch nicht gebeugt, sein gütiges Naturell nicht verbittert, seine seelische Heiterkeit nicht getrübt. Hätte nicht unheilbare Krankheit seinen starken, über seine Jahre hinaus jugendlich elastischen Körper vor der Zeit zermürbt, er hätte wohl noch lange Jahre in seiner stillen, bescheidenen, gütigen Art dem Wohle derer gedient, denen sein bisheriges Wirken geweiht war.

Er lebte und starb, ohne auch nur einen Augenblick der Idee untreu zu werden, die sein ganzes Wesen geadelt hat, und ohne das Ziel aus den Augen zu verlieren, das ihm sein Leben lang vorschwebte: die intellektuelle, physische und moralische Hebung der Arbeiterklasse.

August Bebel

(1840 – 1913)

I.

Quelle: Auszug aus: »Begegnungen«, in: ***Das Jahr. Das Arbeiterjahrbuch***, 58 (1929), S. 41–56.

Die zweite große Gestalt aus der Partei, die mir entgegentrat, war August Bebel. Schon in meiner Kindheit hatte ich seinen Namen im elterlichen Hause nennen hören, wo man allerdings nur mit Abscheu von ihm sprach, als von einem Sitten- und Zügellosen, der die freie Liebe predige, die Ehe abschaffen, die Frauen von Herd und Haus weg in die Politik locken wolle, und der sogar imstande gewesen, 1870 sein Vaterland zu verraten.

Wie also sollte ich mir diesen dämonischen Volksverführer vorstellen? Nicht ohne Bangen sah ich ihm entgegen, als er sich als Gast in meiner neugegründeten Häuslichkeit in Stuttgart ankündigte, wo er eine Versammlung abzuhalten hatte.

Ich weiß noch, wie mir das Herz klopfte, als Bebel seine klaren, durchdringenden Augen forschend auf mir ruhen ließ. Weiß aber auch noch, wie rasch dieses Gefühl der Bangigkeit schwand, kaum dass er das Wort an mich gerichtet hatte. Neben der Güte und einfachen Natürlichkeit muss es der tiefe sittliche Ernst, die unbeirrbare Wahrhaftigkeit und die innere Reinheit gewesen sein, die von seinem Wesen ausstrahlten, die auf den einzelnen Gesinnungsgenossen wie auf die weitesten Volkskreise und selbst auf seine zahlreichen politischen Gegner, also auf Freund und Feind gleich mächtig wirkten.

Man fühlte genau, dass bei aller Zartheit, aller freundlichen Liebenswürdigkeit, mit der er gleichmäßig jedermann begegnete, ein Kern von unbeugsamer Kraft und Energie in diesem Manne steckte. Wie groß sein persönlicher Mut, wie unerschütterlich diese Energie war, das hat er in seinem Leben oft zu beweisen Gelegenheit gehabt. Zur Zeit des grausamen Sozialistengesetzes, wo jeder Sozialdemokrat Freiwild war, so dass viele von der Partei abfielen, hat er nie den Kopf verloren und allen Verfolgungen mutig getrotzt. Wiederholte Gefängnisstrafen und langdauernde Festungshaft haben den körperlich zwar Zarten, aber geistig Unbeugsamen nicht zu brechen vermocht.

Bei jener ersten Begegnung schon freundeten wir uns an und diese innige Freundschaft hat bis zu seinem Tode angedauert. Sobald wir in Berlin wohnten, kam er fast allsonntäglich zu uns und nach einem gemeinsamen weiten Spaziergang verbrachte er den Abend in unserm Kreise. War er einmal verhindert, so meldete er sich gewissenhaft und meist in launiger Form ab. Dem scharfen Kämpen saß überhaupt hie und da der Schalk im Nacken, dafür legt die abgedruckte Karte Zeugnis ab. Unser ganzes Haus, vom Paterfamilias angefangen bis zum Jüngsten, war ihm in liebevollster Freundschaft zugetan, und er zahlte unsere Zuneigung mit gleicher Münze heim. So schrieb er 1911 aus Zürich: »Den ersten Brief im neuen Jahr erhalten Sie, liebe Freundin Luise ...« Und im März 1913: »L. L.! Sie schreiben mir da einen Osterbrief, dass mir altem Kerl beinahe das Wasser in die Augen getreten wäre ...«

Sogar ein Gedicht hat der 71-jährige mir einmal gewidmet, als ich ihm durch einen unserer Jungens ein Körbchen frischer Erdbeeren an die Bahn schickte. Er schrieb mir zuerst kurz aus Wetzlar: »Liebe Frau Luise! Erdbeeren trafen sehr überraschend ein, kamen aber sehr angenehm, haben mich zu einer Dichtung begeistert, die ich Ihnen eventuell 'mal zeige ...« Man wird begreifen, dass ich auf die »Dichtung« gespannt war, und wirklich überreichte er sie mir nach seiner Rückkehr mit einer Miene von Verschämtheit, die bei dem silberhaarigen Siebziger rührend wirkte.

Am 13. August 1913 schloss August Bebel die Augen für immer. Er war schon dahingegangen, als noch ein liebevoller Gruß von ihm an uns eintraf, datiert aus Passugg vom 12. August. Der Tod hatte es gut mit ihm gemeint. Im Schlaf hatte er ihn überrascht und dem tapferen Kämpfer war ein friedliches Ende beschieden gewesen.

II.

Quelle: »August Bebel. Aus Anlass der neunzigsten Wiederkehr seines Geburtstages am 22. Februar«, in: ***Arbeiter-Zeitung***, 42 (1930), 22. Februar 1930, S. 2.

Über August Bebel ist schon soviel geschrieben worden, dass es schwer ist, seinem Bilde noch etwas von Interesse hinzuzufügen. Doch heute, wo es sich zum neunzigsten Male jährt, dass er geboren wurde, haben wir beinahe das Bedürfnis, ja es drängt sich uns förmlich als Pflicht auf, ihm, mit dem uns engste Freundschaft verband, den Zoll der Erinnerung zu entrichten. Denn unverändert über Zeit und Tod hinaus bewahren wir ihm das Gefühl treuester Freundschaft, herzlichster Dankbarkeit und tiefster Verehrung, und immer wird es uns mit stolzer Freude erfüllen, ihm so nahe gestanden zu haben, dass wir in den beiden letzten Jahrzehnten seines Lebens Freud' und Leid mit ihm teilen durften.

Schon in Stuttgart war er öfter unser lieber Gast gewesen, wenn er auf seinen regelmäßigen Reisen von Berlin nach Zuürich dort Station machte. Im Herbst 1890 war das zum ersten Mal der Fall gewesen und unvergesslich bleibt mir der erste Eindruck, den seine Persönlichkeit auf mich machte. Der Zauber seines Wesens nahm mich sofort gefangen. Bei seiner bescheidenen, liebenswürdigen Art verging rasch das Herzklopfen, das mir sein Kommen verursacht hatte, und zurück blieben nur verehrungsvolle Bewunderung und Staunen über die Einfachheit und natürliche Bescheidenheit dieses Mannes, dessen Name schon Weltklang hatte. Ein warmes Glücksgefühl durchströmte mich seit dieser ersten Begegnung jedes Mal, wenn wir uns wieder trafen. Und was mich besonders beglückte, war, dass ich auch Bebels Sympathie gewonnen hatte, die mir bis zu seinem Tode erhalten blieb. Zahlreiche Briefe, die er mir im Laufe der folgenden zwanzig Jahre schrieb, legen dafür Zeugnis ab. Ja, Bebel, der sich trotz steter Überfülle von Arbeit, trotz ewiger nerventötender Sitzungen in Parlament, Fraktion, Parteivorstand usw., trotz mancher Enttäuschung im politischen und privaten Leben stets eine erstaunliche Jugendfrische und einen kräftigen Humor bewahrte, hat für mich sogar den Pegasus bestiegen und mir eine poetische Huldigung dargebracht.

Ich habe das Gedicht und dessen Vorgeschichte schon einmal vor Jahren in einem deutschen Blatt veröffentlicht, will aber heute auch die Leser der ***Arbeiter-Zeitung*** damit bekanntmachen.

Bebels Frau war im November 1910 gestorben. Das Haus Kautsky wurde dadurch für ihn noch mehr die Zufluchtsstätte, wo er seine wenigen freien Stunden und seine Sonntagsnachmittage und -abende verbrachte, um der Einsamkeit im eigenen Heim zu entgehen. Wir alle, alt und jung, boten alles auf, ihn zu erfreuen und ihm Liebes zu erweisen. Anfang Juni 1911 musste er nach Wetzlar verreisen. Die Erdbeerzeit hatte eben begonnen, und da ich seine Vorliebe für frische Erdbeeren kannte, schickte ich einen meiner Jungens mit einem Körbchen voll davon an die Bahn. Darauf erhielt ich aus Wetzlar folgende Karte:

> »Liebe Frau Luise! Erdbeeren trafen sehr überraschend ein, kamen aber sehr angenehm, haben mich zu einer Dichtung begeistert, die ich ihnen eventuell 'mal zeige ...«

Dass ich auf die Dichtung gespannt war, wird man begreifen. Er brachte sie mir denn auch nach seiner Rückkehr und überreichte sie mir denn auch nach seiner Rückkehr und überreichte sie mir, nicht, ohne eine gewisse Verlegenheit, die dem silberhaarigen Siebziger etwas Rührend-Jünglingshaftes verlieh. Und nun hören wir den Dichter Bebel:

»Dichtung« nach den besten altklassischen Mustern.

Und als Phoibos und die Eos im Sonnenwagen auf den Wolken
einher sausten
Und, Lichtstrahlen sendend, die Burg des Donnerers Zeus
auf dem Olympos vergoldeten,
Erhob sich Hera von ihrem Pfühl, rief den Götterboten Hermes
an ihre Seite und sprach also zu ihm:
Flugs eile, Hermeschen, mein Söhnchen, und bringe hier diese Speise
dem Stromer Odysseus, nach der seine Seele lechzet.
Und alsogleich erhob sich der Götterbote Hermes und eilte
beflügelten Fußes zum Bahnhof,
Dem Stromer Odysseus die Speise der Hera überreichend,
nach der seine Seele lechzte.

Und Odysseus, der Stromer, sandte einen dankbaren Blick nach dem Olympos,
Wo er hinter einem blühenden Rosenstrauch an der Seite des schnarchenden Gatten, des Donnerers Zeus, die Hera vermutet.
Und alsdann begann der Stromer Odysseus fröhlichen Herzens die Speise zu essen,
Die ihm die Hera gesendet und nach der seine Seele gelechzet.
Und er aß, nicht hindernd die Tränen der Rührung, die ihm die Speise salzten.
Und er schwor ewige Dankbarkeit der Hera, falls er sie nicht vergesse,
Und einen Kuss gebe er ihr, so wahr er lebe, wenn nicht ihr grimmer Gatte, der Donnerer Zeus, es ihm wehrte.
Denn furchtbar ist der Olympier in seinem Zorn, nicht nur für die Bösen ein Schrecken, sondern auch für die Guten.«

Von dieser Seite hat die große Öffentlichkeit Bebel nicht gekannt. Und als ich anlässlich seines siebzigsten Geburtstages versuchte, ein Bild dieses »unbekannten Bebel« zu zeichnen, waren viele Parteigenossen sehr überrascht, Züge darin zu entdecken, von denen sie sich nie etwas hätten träumen lassen.

Lese ich heute nach, was ich vor nun gerade zwanzig Jahren über den damals noch lebenden Bebel schrieb, so sehe ich, dass sich in meiner Erinnerung kein Strich davon verwischt hat. Wie im Jahre 1910 der Lebende, so steht heute der Tote vor mir, in seiner kraftvollen Persönlichkeit alle Tugenden vereinigend, die den wahren Führer des Volkes auszeichnen.

Tiefer sittlicher Ernst eignete ihm, der sich für keine noch so kleine Aufgabe zu gut dünkte, deren Lösung ihm geeignet erschien, auch nur um Haaresbreite auf dem Wege voranzukommen, der zum großen Ziele führt. Unbestechliche Wahrheits- und Gerechtigkeitsliebe beseelten ihn, die seinen Reden in Versammlungen und im Parlament jenes hinreißende Pathos und jene unwiderstehliche Wucht verliehen, die seine Gegner scheu sich ducken, die Zahl seiner Anhänger von Mal zu Mal, von Wahl zu Wahl um Millionen wachsen ließ. Und dazu war ihm verliehen die Gabe nie erlahmender Ausdauer und Zähigkeit, nie ermüdenden Fleißes, der beispielgebend und anfeuernd auf seine Umgebung wirkte, so dass er vom Beginn seiner Laufbahn an es verstand, Gleichgesinnte um sich zu scharen und, mit ihnen zusammen, erzieherisch auf weiteste Kreise zu wirken.

Und bei alledem hatte dieser tapfere Kämpfer ein weiches Gemüt, war voll Rücksicht gegen seine nähere Umgebung und voll Verständnis für das Leid der Vielen, die sich vertrauensvoll um Hilfe an ihn wendeten. Keiner klopfte vergeblich bei Bebel an, was auch immer sein Anliegen war. Er beriet und tröstete und half, wo er nur konnte. War er doch erfüllt von jenem schönen, großen Mitleid, das nicht in rührseligen, wehleidigen Klagen sich Luft macht oder mit armseligen Almosen abspeist, sondern das tatkräftig auf Mittel zur Abhilfe sinnt. Und seine ganze Kraft setzte er dafür ein, solche Mittel für den Einzelnen wie für die Gesamtheit schaffen zu helfen. Sein ganzes Leben und Wirken war ein Kampf um die Hebung, um die Verbitterung der Lage des Proletariats, das zu Bebels Zeit noch ungleich mehr als heute zu den Parias der Gesellschaft zählte.

Dieses Gefühl der Empörung gegen Ungerechtigkeit und Unterdrückung war es auch, das dem einfachen Arbeiter, der Bebel ursprünglich war, die Feder in die Hand drückte zur Abschaffung jener Schrift, die ihm zu seinem Ruhme als Agitator, Organisator, Politiker und Parlamentarier auch noch den des kühnen und erfolgreichen Befreiers des weiblichen Geschlechtes aus jahrhundertelangen Sklavenfesseln verschaffte.

Beispiellos war die Wirkung, die Bebels Buch **Die Frau und der Sozialismus** auslöste, nicht nur in Deutschland, sondern weit über dessen Grenzen hinaus. Im Jahre 1879 fiel mitten in das Wüten des Sozialistengesetzes wie eine Bombe dieses Werk, das keck und entschlossen mit eingewurzelten Vorurteilen aufräumte, die Leiden aufzeigte, die das Weib als Geschlechtswesen erdulden muss, dem Herrenstandpunkt der Männer unerschrocken zu Leib rückte, den Frauen zum ersten Mal die Zusammenhänge zwischen wirtschaftlichen und politischen Verhältnissen klarmachte, ihnen sagte, wie wichtig es sei, Solidarität zu üben, und ihnen bewies, dass nur der Sozialismus sie aus Lohn- und Geschlechtssklaverei zu befreien vermöge. »Dem Sozialismus gehört die Zukunft, das heißt, in erster Linie dem Arbeiter und der Frau!« So ruft Bebel am Schluss seines Buches aus, das, wie kein zweites, nicht nur Millionen von Proletarierinnen, sondern auch Frauen aus allen Gesellschaftsklassen aufgeklärt und revolutioniert hat.

Wie sehr Bebel ein Feind jeder Ungerechtigkeit und jeder Unterdrückung war, zeigte sich auch in seiner Stellung zur Judenfrage. Nichts war ihm verächtlicher und verhasster als der blöde Antisemitismus, der in den achtziger Jahren und später in Berlin unter den Stöcker und Ahlwardt frech sein Haupt erhob.

Leidenschaftlich setzte er sich gegen ihn zur Wehr, und oft habe ich entrüstete und empörte Äußerungen aus seinem Munde über antisemitische Pöbeleien gehört. Im Gegensatz zur Mehrzahl derjenigen, für die ein bisschen Antisemitismus das Selbstverständliche ist und die sich bei einem spöttischen Wort über die Juden gar nichts Schlimmes denken, war Bebel einer der seltenen Menschen, für die die Frage, »ob Jud, ob Christ«, überhaupt nicht existierte. Anders als diese Spötter hatte Bebel eine direkte Vorliebe für die Juden. Seine besten Freunde waren Juden, und er rühmte ihnen stets besondere Feinheit des Empfindens, Sinn für die Interessen der Allgemeinheit, großen Altruismus und Opferwillen nach. Was er aber vor allem an ihnen bewunderte und schätzte, war ihr scharfer Verstand und ihr Drang nach Bildung und Wissen.

Aus den Niederungen des Proletariats emporgestiegen bis zu den Höhen der Gesellschaft, hatte Bebel zeitlebens unermüdlich um Bildung und Wissen gerungen und sich deren Besitz nach mühevollem Ringen in hohem Maße wirklich erkämpft. Kein Wunder, dass er in diesen beiden Faktoren den Hebel alles Fortschrittes sah und nicht müde wurde, den Arbeitern dieses Evangelium zu predigen. Er selbst hatte durch den Eintritt in einen Bildungsverein seinen ersten Anschluss an die Arbeiterbewegung vollzogen.

Es würde den Rahmen der Aufgabe überschreiten, die ich mir hier stellte, wollte ich über Bebels Entwicklungsgang noch weiteres sagen. Sein Leben gehört der Geschichte an, seine Selbstbiographie gibt Aufschluss über dessen Verlauf. Mir lag heute nur daran, mit diesen Zeilen das Gedächtnis dieses großen und guten Menschen zu ehren und sein Bild der heutigen Zeit wieder zurückzurufen, die nur allzu leicht geneigt ist, über den Mühen und Sorgen des Alltags ihrer großen Vorkämpfer zu vergessen. Mir lag vor allem daran, zur Arbeiterjugend von August Bebel zu sprechen und ihr zur Nacheiferung seine vorbildliche Erscheinung vor Augen zu führen, wie sie sich uns darstellt in seinem makellosen persönlichen Leben, das eine ideale Einheit bildet mit seinem politischen Wirken und Streben.

Herman Greulich

(1842 - 1925)

Quelle: Auszug aus: »Begegnungen«, in: ***Das Jahr. Das Arbeiterjahrbuch***, 58 (1929), S. 41–56.

Zum ersten Male begegnete ich 1893 in Zürich auch dem Senior der schweizerischen Sozialdemokratie, Herman Greulich, einer prachtvollen, kernigen, urwüchsigen Gestalt. Er war der Idealtypus des Arbeiters, der es durch seine hohe Intelligenz, Begabung, eisernen Fleiß und rastlose Regsamkeit dahin gebracht hatte, es mit jedem »Studierten« aufzunehmen. Auf den schwierigsten, verantwortungs- und ehrenvollsten Posten in Stadt und Land, wohin ihn das Vertrauen seiner Genossen berief, hat er stets seinen Mann gestellt. Auf ihn passte voll und ganz das Wort, das der junge Marx schon 1844 von den Arbeitern geprägt hat:

> »... die Brüderlichkeit der Menschen ist keine Phrase, sondern Wahrheit bei ihnen, und der Adel der Menschheit leuchtet uns aus den von der Arbeit verhärteten Gestalten entgegen.«

Was Greulich noch besonders auszeichnete, waren seine starken Kunstinteressen. Als ich ihn 1924 beim Jubiläum der Internationale in London traf, war der 83-jährige nach der anstrengenden Reise aus der Schweiz geradewegs in die Nationalgalerie gegangen, um die dort ausgestellten Meisterwerke der Malerei zu besichtigen. »Später hätte ich vielleicht doch keine Zeit mehr dazu gefunden«, meinte er. Im Herbst 1925 ist Greulich in vollster geistiger und körperlicher Rüstigkeit gestorben. Vierzehn Tage vorher war der 84-jährige zu meinem Mann und mir zu Fuß von Zürich auf den Volderberg heraufgestiegen und hatte mit uns stundenlang in sprühender Laune und in unermüdlichem Redefluss Parteierinnerungen ausgetauscht.

Hugo Haase

(1863 – 1919)

Quelle: »Hugo Haase zum Gedächtnis. 7. November 1919 – 7. November 1929«, in: ***Volksrecht (Zürich)***, 32 (1929), 7. November 1929, S. 1–2 und 8. November 1929, S. 2.

Als am 7. November 1919 der Führer der Unabhängigen Sozialdemokratischen Partei Deutschlands Hugo Haase die Stufen zum deutschen Reichstagsgebäude hinausschritt, trafen ihn die Kugeln, die ein verhetzter, in der Mordatmosphäre der damaligen Zeit irrsinnig gewordener Querulant aus kleinlicher Rachsucht gegen ihn abfeuerte.

Alle Versuche, dies kostbare Leben zu retten, sogar die Amputation des verletzten Beines waren vergeblich, nach vierzehn qualvollen Tagen musste Haase sterben.

Jetzt, zehn Jahre nach seinem Tode, setzt ihm sein Sohn Ernst Haase in einem soeben erschienenen Buch **Hugo Haase, sein Leben und Wirken** ein Denkmal, das den Vater wie den Sohn gleichermaßen ehrt.

Alle Genossen, alle Genossinnen, ob alt, ob jung, sollten dieses Buch lesen. Es enthält nicht nur die Lebensgeschichte eines vorbildlichen Kämpfers, es umfasst ein Stück Weltgeschichte in wahrheitsgetreuen, erlebter blutvoller Schilderung, die um so unmittelbarer auf die Leser wirken muss, da es ihre eigene Zeitgeschichte ist, die sich darin vor ihren Augen abrollt. Aktiven Politikern bleibe es vorbehalten, unsere Arbeiterleser auf den reichen Inhalt dieses Werkes hinzuweisen, soweit der aktive Politiker Haase darin zum Worte kommt und dies ist eigentlich fast auf jeder Seite und fast mit jeder Zeile der Fall.

Ich, der mir das seltene Glück vergönnt war, ein und ein halbes Jahrzehnt in inniger Freundschaft mit Hugo Haase verbunden zu sein, habe mir nur die Aufgabe gestellt, die Genossen mit seiner Persönlichkeit bekannt und vertraut zu machen, von der mir ein unauslöschlicher Eindruck verblieben ist. Mir sind wenig so harmonisch wirkende Menschen begegnet wie Hugo Haase. Die Schilderung, die sein Sohn von seinem Charakter gibt, kennzeichnet ihn treffend:

> »Eine heitere Grundstimmung führte zu freudiger Lebensbejahung. Sein sonniges Gemüt ließ ihn Unzuträglichkeiten des Lebens spielend überwinden, aus jeder Situation holte er mit bezwingender Liebenswürdigkeit das Freundlichste heraus und mit der Fröhlichkeit des Herzens, die ihm eignete, nahm er selbst Widerstrebende gefangen. Dabei leuchtete durch allen Frohsinn der Ernst der Lebensauffassung hindurch.«

In seinem Gesicht prägten sich Kraft und Energie aus, doch die freundlichen blauen Augen milderten den etwas strengen Ausdruck. Offenheit und innere Wahrhaftigkeit sprachen aus jedem seiner Worte und durchsonnt war jedes Gespräch mit ihm von Herzenswärme und Herzensgüte. Dabei war er einer der fähigsten Juristen Deutschlands, von hervorragender Klugheit und unbestechlichem Gerechtigkeitssinn, so dass es kein Wunder war, wenn die Männer und Frauen des Proletariats in ihm ihren besten, treuesten Anwalt sahen. Mit Recht sagte Genosse Crispien in seiner Gedenkrede von ihm:

> »Und wie hat er sich jedes Menschen angenommen! Wie viel neuen Mut, wie viel neue Zuversicht brachte er in die dunklen Gefängniszellen, wie viel Trost und Hoffnung gab er bangenden Frauen und zagenden Kindern! Hugo Haase tat als Anwalt unendlich mehr als seine Pflicht: Er rang mit der Klassenjustiz um jedes Opfer, als wär's ein Stück von ihm.«

Der Advokat, der die Menschen in ihren Nöten und ihren Konflikten kennen lernt, ihnen bis auf den Grund der Seele blickt, gleicht dem Arzt, dem ebenfalls keine Falte des im Innern seines Klienten entgeht, wenn er sich die Mühe nimmt, ihn liebevoll zu studieren. Diese genaue Kenntnis der menschlichen Schwächen macht Anwälte und Ärzte leicht zu Menschenverächtern, zu Skeptikern. Bei Haase traf das nicht zu. Nie ist er an der Heiligkeit seines Berufes irre geworden und so wie er als 28-jähriger seiner Braut die Beweggründe schildert, die ihn zum Studium der Rechtswissenschaft veranlassten, so hat er diesen Beruf sein Leben lang aufgefasst und ausgeübt. Er schreibt:

> »Du möchtest gerne wissen, ob mich eine starke Neigung der Jurisprudenz in die Arme geführt hat, ob ich aus einem inneren, unwiderstehlichen Drang Jurist geworben bin. Ja, Luft und Liebe zur Juristerei war meine Triebfeder, aber zu jener Juristerei, wie sie in meiner Vorstellung lebte, wie sie aber auf dem rauhen Boden der Wirklichkeit leider nicht gewachsen ist. Ich glühte schon als Primaner in Begeisterung für den Beruf des Anwalts, ich konnte mir nicht schöneres denken, als mit voller Kraft dafür einzutreten, dass der rechtlos Verfolgte Schutz und Frieden finde. Meine Phantasie gaukelte mir in idealstem Schimmer das Schalten und Walten der Justitia vor. ... So bezog ich frohen Mutes, idealen Sinnes, lernbegierig die Universität, um nur zu schnell enttäuscht zu werden.«

Doch vermochten die Enttäuschungen, die ihn die »verknöcherten, einseitigen Spintisierereien und Rabulistereien« der Herren Professoren bereiteten, ihn nicht zu entmutigen, die Gegenstände, die in wichtiger Beziehung zum Leben standen, entschädigten ihn einigermaßen. Anregung und Befriedigung boten ihm daneben das Studium der Nationalökonomie und Philosophie und er erwartete noch viel von der praktischen Ausübung seines Berufs. Und diese Erwartung hat sich insofern voll erfüllt, als Haase als einziger sozialistischer Anwalt in Königsberg bald nicht nur zu einem der gesuchtesten Vertreter in Zivilprozessen, sondern auch zu einem der bekanntesten Strafverteidiger wurde.

»Alle Strafmandate, alle Anklagen wurden zu Haase gebracht. Hatte er heute die Parteizeitung zu verteidigen, so nahm er sich morgen der Jugendbewegung, übermorgen irgendeiner Gewerkschaft an. Die Parteizeitung allein hat er in 64 Prozessen innerhalb 17 Jahren vertreten. Bei großen Streiks machten stets die Behörden mobil, und eine Reihe von Strafprozessen war das Resultat ihres Vorgehens. In der Provinz wurden wiederholt gegen streikende Bauarbeiter Landfriedensbruchprozesse angestrengt. In solchen Fällen musste Haase eingreifen, und als Geschworene saßen ihm meist Agrarier gegenüber. Da war es nicht leicht, die Verteidigung zu führen. Trotzdem hatte Haase Erfolge zu verzeichnen und er hat zahlreiche Proletarier vor schweren Strafen bewahrt. ... Seine Verteidigungsreden, die sich auf Tausende beziffern dürfen, waren rhetorisch und inhaltlich immer vorzüglich. Da fast immer die wirtschaftliche Not, die Unwissenheit, die mangelhafte Erziehung die Ursachen der Verbrechen waren, so musste Haase große Gemälde sozialen Elends vor den Geschworenen entrollen. Das wirkte günstig für die Angeklagten, und wenn er sie nicht frei bekam, wusste er häufig mildernde Umstände für sie zu erwirken. Den Richtern der Strafkammern kam Haase vor allem mit juristischen Gründen, die er ihnen mit Scharfsinn und zwingender Logik vortrug. Er wusste allerdings, dass er in politischen Prozessen meist vor tauben Ohren sprach, denn die Vorurteile der Klassenjustiz waren auch durch noch so geschickt aufgebaute Verteidigungsreden nicht zu erschüttern. Leicht machte es Haase in solchen Fällen den Richtern nicht. …«

So schreibt Macchionini, Parteiredakteur in Königsberg und ein alter Kampfgefährte Haases, über dessen juristische Tätigkeit im Dienste der Partei. Was aber Haase als Anwalt besonders auszeichnete, war der Umstand, dass er nicht nur seine Klienten glänzend zu verteidigen wusste, sondern dass jede seiner Reden vor Gericht auch im besten Sinne propagandistisch wirkte, auf der einen Seite zu einer wirksamen Verdammung der heutigen Gesellschaftsordnung, auf der andern zu einer glühenden Verherrlichung der sozialistischen Ideenwelt wurde.

Diese Gabe, über die Tagespolitik hinaus sich zu den großen Zielen des Sozialismus zu erheben, eignete Haase überhaupt in höchstem Maße. Mit seiner juristischen Tätigkeit im Dienste der Partei erschöpfte sich Haases Parteiarbeit jedoch bei weitem nicht. In Königsberg galt es einen ungemein steinigen Boden zu bearbeiten. Ein eigentliches Industrieproletariat gab es nicht, die Kleinbetriebe überwucherten und die Agitation musste in mühseliger Kleinarbeit in den einzelnen Berufsorganisationen betrieben werden.

In Ostpreußen wehte damals ein gar scharfer Wind. Die Maifeiern mussten in Ausflugsorten weit außerhalb der Stadt abgehalten werden, große Volksversammlungen waren schon deshalb ausgeschlossen, weil den Arbeitern in ganz Königsberg ein einziges Lokal zur Verfügung stand, das nur dreihundert Arbeiter fasste. Am schwierigsten und aufreibendsten aber war die Werbearbeit auf dem Lande. Wenn heute noch die Landarbeiter in »Ostelbien« vor ihren Gutsherren und Inspektoren zittern, so kann man sich vorstellen, was ein Agitator vor mehr als 30 Jahren riskierte, wenn er es wagte, bei den geknechteten Sklaven dort für den Sozialismus zu werben. Aber gerade die ungeheure

Schwierigkeit dieser Aufgabe lockte Haase und er fand den Weg zu den Herzen der Landarbeiter und Kleinbauern, die in ihrer äußersten Not zu ihm kamen, um Hilfe gegen ihre Unterdrücker zu suchen, die vor keiner Maßregelung, ja selbst vor körperlicher Züchtigung ihrer »Untertanen« nicht zurückscheuten.

Fabelhaft war Haases Arbeitskraft, die sich mit den fortschreitenden Jahren zu vervielfachen schien. Schon 1894 wurde er als erster Sozialdemokrat gewählt. Als einziger

> »im Kampf gegen eine geschlossene Masse war Haase in seinem rechten Element. Mit seinem scharfen Verstand, seinem überlegenden Wissen, seinem sittlichen Ernst und seiner geschickten und vornehmen Polemik verschaffte er sich bald Gehör und die Arbeiter atmeten auf, dass einer wenigstens ihnen aus der Seele sprach und ihre Interessen vertrat.«

Als 1897 der bisherige sozialdemokratische Abgeordnete für Königsberg Karl Schulte starb, bestimmten die Parteigenossen Haase zu seinem Nachfolger. Trotzdem die Gegner alles aufboten, ihn niederzuringen, und trotzdem die Antisemiten ihre größte Kanone, Herrn Liebermann von Sonnenberg, in höchsteigener Person gegen ihn auffahren ließen, errang die Arbeiterschaft doch gleich im ersten Wahlgang einen vollständigen Sieg über alle ihre Gegner, und Haase zog in den Reichstag ein. In den folgenden zehn Jahren trat er dort wenig hervor, seine Haupttätigkeit entfaltete er in den Ausschüssen in Fragen der Justiz und der auswärtigen Politik, wo er bald zu einem der besten Sachkenner wurde. 1907, bei den sogenannten Hottentottenwahlen, unterlag er mit etwa 2000 Stimmen dem vereinigten Ansturm der bürgerlichen Parteien, die von der Freisinnigen Volkspartei bis zum Zentrum eine Einheitsfront gegen ihn bildeten. Aber schon 1912 sehen wir ihn wieder im Reichstag, wo er von da an auch an großen Tagen als Sprecher der Partei im Plenum auftritt.

Schon 1911 betraute die Partei Haase mit dem höchsten Ehrenamt, das sie zu vergeben hat: Nach dem Tode Singers wurde er Vorsitzender der Partei neben Bebel, der von jeher die größte Achtung und Hochschätzung für Haases Wesen und Wirken an den Tag gelegt hatte. Infolge dieser Wahl musste Haase mit seiner Familie sein geliebtes Königsberg verlassen und nach Berlin übersiedeln. So schwer ihm auch die Trennung fiel, so gab es für ihn doch kein Schwanken und kein Zögern, wenn die Partei rief. Da es von jeher zu seinen Grundsätzen gehört hatte, sich von der Partei materiell unabhängig zu erhalten, so schuf er sich auch in Berlin eine Anwaltspraxis. Da er auf allen Parteitagen große, vielbeachtete Referate hielt, im Reichstag über und über beschäftigt war, in vielen großen Prozessen plädierte, daneben auch schriftstellerisch tätig war, hatte er ein solch gerüttelt Maß von Arbeit zu bewältigen, dass man sich oft verwundert fragte, wie der nicht allzu kräftig aussehende Mann dies alles leisten könne. Dabei aber besaß Haase, wie sein Sohn es in dem erschütternden Nachruf aussprach, den er dem geliebten Vater am offenen Grabe hielt, »die große Kunst, das Leben, das er liebte, voll zu genießen«. Und weiter sagte der Sohn vom Vater:

> »Dein Herz schlug der ganzen Menschheit, aber nie vergaßest du uns, deine Familie darüber. Für uns hattest du immer Zeit. Selbst in den Wochen bewegtester Kämpfe, wenn du spät abends nach Hause kamst, widmetest du dich uns, bekümmertest du dich um unsere kleinen Sorgen, besprachst mit mir mein Studium oder übersetztest noch mit uns Horaz oder Homer. Mit wunderbarer Schnelligkeit konntest du deinen Geist auf ein neues Gebiet umstellen. Du liebtest es, nach des Tages Arbeit im Familien- oder Freundeskreis Geselligkeit zu pflegen, mit uns zu plaudern oder Literatur, Philosophie und Kunst zu treiben. Wie froh wusstest du auch die Natur zu genießen, wie feinsinnig von deinen und Mutters Reisen zu erzählen ...

> Überall sahst du das Wesentliche und verstandest es, uns das wirklich Wertvolle nahe zu bringen. So erzogst du uns, ohne je an uns herum zu erziehen. Jedem ließest du seine Eigenart. Alles Kleinliche war dir verhasst. Gerne gabst du in Kleinigkeiten nach. Nur wo es um Großes ging, da bliebst du fest.«

Wie sehr diese letzten Worte zutrafen, hat Haases Haltung von Anfang an im Parteivorstand und erst recht später während des Weltkriegs gezeigt, wo an seinen Mannesmut und seine Überzeugungstreue die höchsten Anforderungen gestellt wurden. Es war ihm leider nur ein Jahr gegönnt, an Bebels Seite im Parteivorstand zu wirken. 1913 schon starb dieser, und sein Nachfolger wurde Friedrich Ebert. Ein größerer Gegensatz als der zwischen Haase und Ebert war kaum denkbar. Als Charakter wie als Taktiker und in ihrer Auffassung der gegebenen Tatsachen waren sie so fundamental verschieden, dass es niemand wunder nahm, wenn beim Ausbruch des Krieges der Gegensatz so unüberbrückbar wurde, dass von einem harmonischen Zusammenarbeiten keine Rede mehr sein konnte. Haase, der mit der ganzen Glut seiner Seele sich gegen den Krieg auflehnt und der Regierung, der er die Schuld an dessen Ausbruch beimaß, die Mittel zu dessen Führung verweigern wollte, drang im Parteivorstand und in der Parlamentsfraktion mit seiner Ansicht nicht durch und blieb mit seinen Anhängern in erheblicher Minderheit (14 gegen 78 Stimmen). Bei der ersten Debatte über die Bewilligung der Kriegskredite brachte er wohl das schwerste Opfer der Parteidisziplin, das ein aufrechter Mann bringen kann: Er verlas die Erklärung der sozialdemokratischen Fraktion, in der sie der Regierung die Kredite bewilligte. Er hatte sich mit allen Kräften dagegen gesträubt, aber sich, als man an sein Pflichtgefühl als Vorsitzender der Fraktion und der Partei appellierte, mit schwerem Herzen dazu bewegen lassen.

»Für den Augenblick glaubte er der Sache, der er diente, zu nützen. Tatsächlich war aber die Verlesung der Erklärung der einzige politische Schritt seines Lebens, den er später bereut hat. Indem er Disziplin über innere Überzeugung stellte und das in einem Zeitpunkt, wo gegenüber dem Chaos Klarheit und Festigkeit nottaten – handelte er seinem eigensten Wesen zuwider und setzte sich gerade den Menschen gegenüber, an denen ihm lag – den grundsatztreuen Sozialisten und den Friedensfreunden im In- und Ausland – der Missdeutung aus.«

Breitscheid schrieb über dieses Ereignis:

»Haases ausgeprägtes Verantwortungsgefühl ließ ihn einen Akt von fast beispielloser Selbstentmannung vollziehen. Er unterwarf sich der Fraktion, von der er nicht glauben wollte, dass sie den internationalen Sozialismus grundsätzlich preisgeben könne. Aber indem er nachgab, verzichtete er auf seine bessere Erkenntnis. Er setzte den Kampf um die Seelen seiner Parteigenossen fort und erst, als er sah, dass der Wagen der Partei in seinem verhängnisvollen Lauf nicht aufzuhalten war, vollzog er entschlossen den Bruch. Er löste sich von seiner Vergangenheit, an die ihn tausend Fäden banden. Der Moment war gekommen, in dem der Führer die Mitverantwortung für die Taten seiner Partei ablehnen musste.«

In diesen Sätzen ist die weitere Entwicklung der deutschen Parteiverhältnisse vorweggenommen. Ein zweites Mal vermochte Haase sich bei der Debatte um die Bewilligung der Kriegskredite dieses Opfer des Intellekts nicht abzuringen. Die Zahl der Verweigerer in der Fraktion war im Dezember 1914 auf 17 gestiegen und betrug im März 1915 35.

Die inneren Kämpfe in der Partei und Fraktion nahmen an Schärfe zu. Haase litt entsetzlich unter ihnen. Im Juni 1915 erließ er mit Bernstein und Kautsky ein Manifest »Das Gebot der Stunde«, das zur Rückkehr zu einer klaren, eindeutigen sozialistischen Politik aufforderte und dadurch für Tausende zum erlösenden Wort wurde. Aber die Gegensätze spitzten sich immer schärfer zu, das Verhängnis nahm seinen Lauf und das schlimmste trat ein: Die Partei spaltete sich in die Fraktion der Mehrheits-Sozialdemokraten und in die der »Unabhängigen Sozialdemokratischen Partei Deutschlands«.

Es würde den Rahmen dieses Artikels weit überschreiten, wollte ich, die ich mir nur das Ziel steckte, eine persönliche Charakteristik Hugo Haase zu geben, die Parteigeschichte der deutschen Bruderparteien noch weiter aufrollen, als ich dies notgedrungen schon im Vorhergehenden tun musste.

Es ist eben schwer, das Bild eines Politikers zeichnen zu wollen, ohne auf seine politische Haltung und seine politische Tätigkeit näher einzugehen. Aber ich muss es mir dennoch versagen und die Leser auf Ernst Haases Werk verweisen, das außer der Biographie seines Vaters auch noch dessen bedeutendste Reden auf Parteitagen, im Parlament und vor Gericht und daneben noch eine große Anzahl persönlicher und politischer Briefe enthält.

Man mag verschiedener Meinung darüber sein, ob es jetzt schon, da sie an der Zeit war, manche der politischen Briefe Haases zu veröffentlichen, da sie bei vielen der darin Genannten bittere Gefühle auslösen dürften.

Aber erstens sind es nicht subjektive Eindrücke, die sich in diesen von heißer Liebe zum Sozialismus durchpulsten Briefen spiegeln, sondern geschichtlich erhärtete, zum großen Teil protokollarisch festgelegte Tatsachen, und zweitens wird man den liebenden Sohn begreifen, der ganz auf des Vaters Seite stehend, durch die Veröffentlichung dieser ihm heiligen Schriftstücke nicht nur dessen prophetischen Scharfblick und dessen unbeirrbare sozialistische Besinnung dartun, sondern durch sie auch dokumentarisch beweisen wollte, wie unsäglich sein Vater während des Weltkriegs und bis zu seinem Tode seelisch gelitten und gekämpft hat.

Und jeder Leser wird aus diesen erschütternden Dokumenten verstehen lernen, warum Hugo Haase in den Augen seiner Familie, seiner Freunde und seiner engeren Parteigenossen als Märtyrer seiner Überzeugung galt, lange ehe ihn die mörderische Kugel traf und sinnlos dahinraffte. Jeder Leser wird aber auch im Glauben an unsere siegreiche Idee gestärkt und gekräftigt werden, wenn ihm aus den Blättern dieses Gedenkbuchs Haases Persönlichkeit plastisch entgegentritt, dessen Streben ein einziger Kampf für diese Idee, dessen Leben in Wahrheit ein Heldenleben war.

Jean Jaurès

(1859 – 1914)

Quelle: Auszug aus: »Begegnungen«, in: ***Das Jahr. Das Arbeiterjahrbuch,*** 58 (1929), S. 41–56.

Noch eine denkwürdige erste Begegnung brachte mir dieser Pariser Aufenthalt: In einer Sitzung des Comité Central lernte ich Jean Jaurès kennen, den mächtigen, redegewaltigen Streiter, dessen edles Bildnis sich wohl jedem unvergänglich einprägen musste, der das Glück hatte, ihm zu begegnen. Jaurès bemühte sich in der liebenswürdigsten Weise, meinem Mann und mir den Aufenthalt in Paris angenehm zu machen. Er führte uns an einem Mondscheinabend zu Wagen nach den Champs-Elysées. Unterwegs plauderten wir sehr angeregt, und Jaurès, ein feiner Kenner und großer Verehrer deutscher Poesie, deutscher Wissenschaft, deutschen Wesens, schwärmte wie ein Jüngling und war entzückt, als ich die Verse zitierte:

Mondbeglänzte Zaubernacht,
die den Sinn gefangen hält,
wundervolle Märchenwelt,
steig' auf in der alten Pracht!

Er kannte die Verse, doch fiel uns beiden der Verfasser nicht gleich ein. Ich schrieb sie Tieck zu, aber er schien nicht überzeugt, und ich wagte nicht, es bestimmt zu behaupten.

Am nächsten Tag fanden in Paris Gemeindewahlen statt, es wurde erbittert um die Mandate gekämpft. Als wir am Abend, um die Wahlresultate zu erfahren, die Redaktion der ***Petite République*** aufsuchten, deren Chefredakteur Jaurès war, trafen wir ihn und seine Mitarbeiter in vollster Tätigkeit. Aus allen Pariser Bezirken strömten die Boten herein, und es herrschte die bei solchen Anlässen gewohnte Atmosphäre fieberhafter Aufregung.

Kaum aber wurde Jaurès unser ansichtig, als er, von seinem Sessel aufspringend, uns glückstrahlend mit dem Ausruf entgegeneilte: »Je l'ai trouvé, c'était Huland!« So sprach er den Namen aus. (»Ich hab's gefunden, es war Uhland!«).

Trotz der Wichtigkeit des Wahltages hatte ihm unser literarisches Gespräch keine Ruhe gelassen, er hatte offenbar alles versucht, sich über den strittigen Verfasser Gewissheit zu verschaffen. Es stellte sich dann heraus, dass wir beide recht hatten, denn Uhland hat die von Tieck zuerst geprägten Verse später in anderer Form verwendet. Noch zwei Begegnungen mit Jaurès waren mir beschieden: 1904 beim Internationalen Kongress von Amsterdam, wo das große Rededuell zwischen ihm und Bebel wegen der Stellungnahme zur Beteiligung von Sozialisten an bürgerlichen Ministerien uns alle in Bann hielt, und zuletzt 1912 in Berlin, wohin er gekommen war, um in einer großen öffentlichen Versammlung für den Frieden zwischen Deutschland und Frankreich zu reden.

Charakteristisch für Jaurès' Geistesrichtung war, dass sein erster Weg in Berlin der Universität galt, wo er sich sofort den Saal zeigen ließ, in dem Hegel seine Vorlesungen gehalten hatte. Es drängte ihn offenbar, dem Andenken des großen Denkers seine Huldigung darzubringen.

Hans Kautsky

(1864 – 1937)

Quelle: »Professor Hans Kautsky«, in: ***Der Wiener Tag***, 16 (1937), 18. Juni 1937, S. 6.

Mit dem am 30. Mai nach langem, schwerem Leiden im 74. Lebensjahre verstorbenen Prof. Hans Kautsky ist eine künstlerische Persönlichkeit von hohem Rang dahingegangen.

Ebenso begabt für die Musik wie für die Malerei, wollte der junge Kautsky sich erst der Musik widmen, studierte zu diesem Zweck am Wiener Konservatorium Klavier und Waldhorn und trieb auch Vorstudien zum Kapellmeister-Beruf, den er eine Zeitlang ins Auge fasste.

Schließlich aber überwog seine Vorliebe für die Malerei, wofür die Atmosphäre im Vaterhause wohl den Ausschlag gab. Hans Kautskys Vater, Johann Kautsky, gestorben 1896, ist in der Wiener Kunstwelt der Siebzigerjahre des vorigen Jahrhunderts eine sehr angesehene und geschätzte Persönlichkeit gewesen.

Johann Wenzel Kautsky war ein gebürtiger Prager, ein Mitbegründer der Schlaraffia. Er hatte die Düsseldorfer Malerakademie besucht und war ein tüchtiger Maler geworden, ehe er sich, um mit seiner Familie leben zu können, dem Fach der Theatermalerei zuwendete. Angeregt hierzu wurde er durch den Vater seiner Frau, Anton Jaich, der die Stelle des Dekorationsmalers am Prager Landes-Theater innehatte. Auf der großen Theaterausstellung, die der Verein der Deutschen Volksbühnen im Jahre 1928 in Magdeburg veranstaltete, war ein Raum den Dekorationen von vier Generationen einer Familie eingeräumt worden, um daran die Entwicklung dieser Kunst augenfällig zu demonstrieren, was von hohem Interesse und großem Reiz war. Es waren da vertreten der Schwiegervater von Johann Kautsky, Anton Jaich, dann Johann Kautsky selbst, dann dessen Sohn, der eben verstorbene Prof. Hans Kautsky, und endlich wieder dessen Sohn, Robert Kautsky, der jetzige Ausstattungschef der Wiener Oper.

Johann Kautsky verließ Prag im Jahre 1863 und machte sich in Wien ansässig, wohin sein Ruf als hervorragender Künstler in seinem Fach ihm vorausgegangen war und zu seiner Bestallung an das Burgtheater unter der Direktion Heinrich Laubes geführt hatte. Hier wurde ihm am 29. Februar 1864 sein Sohn Hans geboren. Johann Kautskys Gattin Minna, geborene Jaich, war eine in den Neunzigerjahren sehr bekannte und beliebte Schriftstellerin. Sie bekleidete mehrere Jahre hindurch das Amt der Präsidentin des Vereines der Schriftstellerinnen und Künstlerinnen Wiens. Sie war intim befreundet mit Marie Ebner-Eschenbach. Einige Theaterstücke von ihr hatten seinerzeit großen Erfolg.

Nach Laubes Weggang von der Burg begründete Johann Kautsky gemeinsam mit zwei anderen Malern das in Theaterdekorationen lange Zeit führende Atelier Brioschi, Burghardt & Kautsky. Später trennte er sich von den beiden Kompagnons und nahm den unter seiner Leitung herangebildeten Südtiroler Maler Rottonara als Kompagnon auf. Unter der Firma Kautskys Söhne & Rottonara arbeitete das Atelier noch einige Jahre nach Johann Kautskys Tode weiter, bis auch Rottonara ausschied und das Atelier von den Brüdern Hans und Fritz Kautsky allein weiterbetrieben wurde.

Fritz Kautsky (gestorben 1936), der sich zum Theatertechniker ausgebildet hatte, vertrat durch viele Jahre nach außen hin die Firma, eine Stellung, die ihm sein mehr künstlerisch als geschäftlich eingestellter Bruder Hans willig überließ. Die schon vom Vater Johann Kautsky angebahnten Verbindungen mit dem Ausland wurden immer zahlreicher und erstreckten sich auch schließlich auf Amerika, das zum Beispiel mit seiner großen Metropolitan-Oper eine Zeitlang zum ständigen Abnehmer Kautskyscher Dekorationen wurde.

Hauptsächlich aber waren es die vom Staate her sehr geförderten preußischen Hoftheater in Berlin, Kassel und Wiesbaden, die vom Beginn der Neunzigerjahre an zu den besten Kunden des Ateliers zählten. Da diese Aufträge einen solchen Umfang annahmen, dass das Wiener Atelier sie nicht mehr bewältigen konnte, so folgte Hans Kautsky dem an ihn ergangenen Ruf, das Hoftheater-Atelier in Berlin zu übernehmen, wohin er im Jahre 1903 übersiedelte. Auf dem Höhepunkt seiner Kraft, kaum vierzig Jahre alt, wurde ihm dort als Ausstattungschef der Hoftheater ein einzigartiges Feld für seine künstlerische Betätigung eröffnet, das er mit Schaffensfreude und großem Erfolg beackerte.

Da ihm sowohl die Ausstattung der Oper wie des Schauspielhauses anvertraut war, so sah er sich vor die verschiedenartigsten Aufgaben gestellt. Und man kann sagen, er löste sie in viel bewunderter, oft beispielgebender Weise. Seine Dekorationen zu den Klassikern, zum Beispiel zu »Wilhelm Tell«, »Götz von Berlichingen«, »Braut von Messina«, erregten in der Theaterwelt damals nicht weniger Aufsehen, als die ganz neuartige Auffassung der Inszenierung vom Wagnerschen »Ring des Nibelungen« und der »Zauberflöte«. Ein besonderes Ruhmesblatt wurde für ihn der Rahmen, den er für den »Rosenkavalier« mit liebevollstem Verständnis und feinster Einfühlung schuf.

Kaiser Wilhelm in Person interessierte sich aufs Lebhafteste für jedes Detail der Dekorationen, besprach oft mit den Künstlern seine Wünsche und trug ihnen seine Ansichten entweder mündlich vor oder in Randbemerkungen auf ihren Skizzen. Da er ein sehr prunkliebender Monarch war, maß er allen Schaustellungen und Inszenierungen die größte Wichtigkeit bei. So musste Hans Kautsky unter anderem einmal in des Kaisers Auftrag nach Korfu reisen, um an Ort und Stelle eingehende Studien zu einer Wandeldekoration zu machen, die für ein vom Kaiser inspiriertes Ausstattungsstück den Rahmen bilden sollte.

Keine Kosten wurden gescheut, um Kostüme, Requisiten und Dekorationen in geschichtlicher Treue auf die Bühne zu bringen. In engster Zusammenarbeit mit dem berühmten Archäologen Professor Wilhelm Dörpfeld entstanden unter dem Pinsel von Hans Kautsky die wundervollen Landschaftsbilder und Szenarien, aus denen der ganze südliche Zauber Korfus auf den Beschauer wirkte. Das Stück kam unter dem Namen »Kerkyra« (griechischer Name für Korfu) zur Aufführung, und nicht nur das große Publikum, auch der Hof und der Kaiser selbst waren begeistert. Letzterer so sehr, dass er Hans Kautsky den Professortitel verlieh und ihn einlud, als sein Gast in die Villa Falconieri in Frascati bei Rom zu kommen, die Wilhelm vom italienischen Staat vor Jahren zum Geschenk erhalten hatte.

Noch zwei Jahre über den Umsturz von 1918 hinaus führte Hans Kautsky das Berliner Atelier. Dann kehrte er in seine Vaterstadt zurück, wo er sein großes Können in den Dienst der Staatsoper stellte, deren Neuorganisation er im Verein mit dem ihm eng befreundeten Direktor Franz Schalk in die Wege leiten half.

Inzwischen war ihm in seinem jüngsten Sohn Robert ein ebenbürtiger Schüler und Helfer herangewachsen, und mit der ihm eigentümlichen stolzen Bescheidenheit verstand es Hans Kautsky, sich von der öffentlichen Tätigkeit zu einer Zeit zurückzuziehen, wo er noch viel hätte leisten können und wo ein anderer, der so viele Erfolge zu verzeichnen hatte, sich kaum entschlossen hätte, schon den Pinsel aus der Hand zu legen. Aber er pflegte ohne Bitterkeit in strenger Selbstkritik zu sagen, dass man verstehen müsse, beizeiten der Jugend und ihrer neuen Malweise Platz zu machen und nicht zu warten, bis man sich überlebt habe. Er konnte das um so eher, als ihm die Freude zuteil wurde, den Sohn Robert als seinen Nachfolger und als Wahrer der künstlerischen Tradition seines Hauses an hervorragender Stelle wirken zu sehen.

Seinem Atelier, das nun unter der Firma Prof. Hans Kautsky geführt wurde, war er bis zu seinem Tode Leiter und Berater, wenn er auch nicht mehr selbst den Pinsel führte.

Sein Interesse an der Kunst und an allen Ereignissen in der Theaterwelt blieb ein reges bis zum Ende seines Lebens.

Solange sein Gesundheitszustand es ihm erlaubte, fehlte er bei keiner Probe im Opernhaus, um so mehr als er, nachdem er zu malen aufgehört hatte, zu seiner alten Liebe, der Musik, zurückgekehrt war und mit Leidenschaft edle Musik pflegte und auch selbst ausübte.

Auch vermochte er sich noch im Alter mit jugendlicher Begeisterung jeder schönen Stunde zu erfreuen, die ihm eine schöne Ansicht, eine interessante Wolkenbildung, kurz jeder Naturgenuss bot. Er verstand zu genießen wie selten ein Zweiter. Nahte das Frühjahr, so wurde sein Sehnen nach Berg und See in seinem geliebten Salzkammergut übermächtig in ihm, und er konnte den Augenblick nie erwarten, wo er vom schönen Sommersitz am Traunsee sich wieder all dieser Herrlichkeiten erfreuen durfte.

Nun haben sich diese Schönheit suchenden Augen für immer geschlossen und die Welt ist um einen aufrechten Mann und echten Künstler ärmer geworden.

Karl Kautsky

(1854 – 1938)

Quelle: »Karl Kautsky«, in: ***Arbeiterführer für die Stadt Leipzig und die Kreishauptmannschaft Leipzig***, 22 (1930), S. 31–45.

Karl Kautsky, geboren am 16. Oktober 1854, vollendete also in diesem Jahre sein 75. Lebensjahr. Er entstammt als erstes Kind der Ehe eines Vollblut-Tschechen mit einer Deutschen aus der Steiermark, ist also von Geburt schon etwas international. Noch internationaler aber ist er, wenn man seinen Stammbaum etwas zurückverfolgt. In den Adern des Vaters floss von großmütterlicher Seite her polnisches Blut, in denen seiner Mutter mischte sich mit deutschem auch italienisches, ungarisches und kroatisches Blut: Er war also ein echt altösterreichisches Produkt. Kautsky ist in Prag, der Hauptstadt des damaligen Kronlandes Böhmen, geboren, und die Eindrücke des historischen und geistigen Milieus dieser Stadt blieben nicht ohne Einfluss auf seine kindliche Charakterbildung.

Überall boten sich dem Auge des wissbegierigen aufgeweckten Knaben eine Fülle von historischen Denkmälern, die zahlreichen Kirchen und Schlösser regten seine lebhafte Phantasie an, und viele bleibende Erinnerungen nahm er mit sich, als er, neunjährig, mit seinen Eltern nach Wien übersiedelte. In Prag waren Not und Elend in der Familie zu Hause gewesen.

Der Vater, von Beruf Maler, war nicht imstande, die inzwischen auf fünf Köpfe angewachsene Familie zu ernähren, und so musste die jugendliche Mutter als Schauspielerin dazuverdienen. Aber ein durch Überanstrengung hervorgerufenes Lungenleiden zwang sie, schon in ihrem 21. Lebensjahre ihren Beruf aufzugeben. In Wien winkte dem Vater Kautskys 1863 eine feste Anstellung als Dekorationsmaler an den Hoftheatern, so dass von jetzt ab materielle Sorgen gebannt waren.

Der junge Karl kam aufs Gymnasium und wurde, da die Krankheit der Mutter andauerte, zehnjährig als Klosterschüler in das Benediktiner-Stift in Melk an der Donau gebracht, wo er zwei volle Jahre blieb und die Pfaffenwirtschaft am eigenen Leib gründlich kennenlernte. Während des Krieges von 1866 wurden die Schüler nach Hause geschickt und so konnte der junge Karl seine Studien am akademischen Gymnasium in Wien vollenden.

Obwohl begabt, war er stets nur ein mäßiger Schüler, außerdem zwang ihn einmal eine Krankheit zum Wiederholen einer Klasse, so dass er erst spät das Gymnasium verließ.

Als Tscheche hatte er dort stets unter den Sticheleien und Quälereien seiner deutschen Kollegen viel zu leiden gehabt, so dass er frühzeitig »in Opposition« zu leben lernte. Als Jüngling träumte er schon von einer tschechischen Erhebung nach dem Vorbild der hussitischen, träumte er von der Verjagung der verhassten Habsburger und von der Errichtung einer tschechischen Republik. Die Geschichte hat diesen Träumen in ungeahnter Weise Erfüllung beschieden.

1870 stand der Jüngling auf Seiten Frankreichs und der Revolutionäre, und seine ganzen Sympathien gehörten der Kommune. Gierig griff er von da an nach allen Werken, aus denen er sich über den Sozialismus orientieren konnte, und aus dem einstigen Jungtschechen wurde ein Sozialist und in der Folge ein Sozialdemokrat.

Als Kautsky nach dem Abitur die Universität bezog, war er schon entschlossen, sein Leben der Partei zu weihen.

Im Januar 1875 trat er in Verbindung mit den österreichischen Genossen und wurde bald ein eifriger Mitarbeiter der ***Gleichheit***, die aus Zensurgründen in dem eine Eisenbahnstunde von Wien entfernten Wiener Neustadt erschien. Auch für den Leipziger ***Volksstaat*** arbeitete er, und dort erschien sein erster Artikel »Darwin und der Sozialismus«. Da Kautskys Vater befürchtete, dass des Sohnes Parteizugehörigkeit ihn seine Stellung beim Hoftheater kosten und die Familie wieder ins Elend stürzen würde, so schrieb Kautsky damals unter einem Pseudonym »Symmachos« = der Mitkämpfer. Da Geschichte stets sein Lieblingsstudium gewesen, so wollte er Historiker werden, und zwar den immer noch sehr bescheidenen Mitteln seiner Familie entsprechend, Gymnasiallehrer. Aber das mündliche Verfahren war seine Sache nie, und er gab daher diesen Plan auf.

Nach einem vergeblichen Versuch, sich mit der aussichtsreicher scheinenden Jurisprudenz zu befreunden, fasste er den Plan, im väterlichen Atelier Maler zu werden, wozu er von klein auf viel Talent gezeigt hatte. Aber ein Augenleiden zwang ihn, auch diesem Beruf zu entsagen, und so wandte er sich wieder ausschließlich der Schriftstellerei zu. Und zwar lockte es ihn, der in einem stets mit der Bühne beschäftigten Milieu aufgewachsen war, es auch einmal mit der dramatischen Muse zu versuchen. Er begann Theaterstücke zu schreiben, und wirklich wurde eines seiner Stücke angenommen und aufgeführt. Aber trotz des leidlichen Erfolges fühlte der junge Autor doch, dass seine Lebensaufgabe nicht auf diesem Gebiet läge. Daher versuchte er es aufs Neue, sich mit dem Gedanken zu befreunden, Gymnasiallehrer zu werden, um sein tägliches Brot zu verdienen. Denn auch die fleißigste Mitarbeit an den damals erscheinenden sozialdemokratischen Zeitungen trug ihm keinen Pfennig ein, waren doch die Parteien in Österreich wie in Deutschland damals so bettelarm, dass sie ausschließlich auf die freiwillige Mitarbeit von idealistischen Intellektuellen und die opferreiche Feierabendarbeit von nicht weniger idealistisch gesinnten Proletariern angewiesen waren. Die geistige Entwicklung des jungen Kautsky war anfänglich hauptsächlich durch die französischen Sozialisten, vor allem Louis Blanc, bestimmt worden. Aber bald lernte er deutsche Sozialisten kennen, namentlich Lassalle und F. A. Lange. Marx beschäftigte ihn anfangs weniger. Dessen volles Verständnis wurde ihm eigentlich erst durch Engels erschlossen. Und da Engels' »**Anti-Dühring**« erst 1878 erschien, so vergingen noch einige Jahre, ehe Kautsky den Weg zum konsequenten Marxismus fand. 1875 und 1876 waren es die Schriften Darwins, die ihn mächtig packten. Unter ihrem Einfluss wie unter dem von F. A. Lange reifte bei ihm der Plan, ein Buch über die Bevölkerungsfrage zu schreiben, in dem er sich schon damals für die Geburtenkontrolle aussprach.

Er nahm es 1876 als 22-jähriger in Angriff und vollendete es im Jahre 1878. Das druckreife Werk sandte er an den Verlag von Bracke in Braunschweig, und dieser war auch bereit, es zu verlegen. Doch gerade um diese Zeit fielen die Schüsse von Hödel und Nobiling, und die deutsche Partei wurde mundtot gemacht durch das über sie verhängte Sozialistengesetz. Damit wurde das Erscheinen des Buches in Deutschland unmöglich.

Das war ein harter Schlag für Kautsky, der noch verschärft wurde durch das Verbot des Leipziger ***Vorwärts***, der dem Sozialistengesetz zum Opfer fiel.

Seine Erwartung, die deutschen Genossen würden sofort einen Ersatz für den ***Vorwärts*** schaffen, erfüllte sich nicht. Einzig und allein die Mostsche ***Freiheit*** in London vertrat in jener Zeit den sozialistisch-revolutionären Standpunkt. Als endlich 1879 der ***Sozialdemokrat*** in Zürich gegründet wurde, hatte Most sich stark dem Anarchismus genähert und in den Arbeiterkreisen Österreichs großen Einfluss gewonnen. Kautskys Versuche, zwischen Most und Zürich zu vermitteln, schlugen fehl, und die Situation sah recht trostlos für ihn aus. Aber gerade in dieser trüben Zeit sollte sich eine entscheidende Wendung in seinem Leben vollziehen. Eduard Bernstein, der Privatsekretär von Karl Höchberg, einem jungen Frankfurter Privatgelehrten, der die Partei in Zeiten höchster Not mit seinen bedeutenden Mitteln unterstützte, wandte sich an Kautsky und erbat seine Mitarbeit an den von Höchberg herausgegebenen ***Richterschen Jahrbüchern***. Dadurch kam eine Korrespondenz zwischen Kautsky und Höchberg in Fluss, und in deren Verlauf sandte Kautsky sein Manuskript über die Bevölkerungsfrage an Höchberg, der sich sehr dafür interessierte und für einen Verleger in Österreich sorgte. Als er von Kautsky erfuhr, er wolle Gymnasiallehrer werden, so fragte er ihn, ob er nicht lieber seine ganze Kraft in den Dienst der Partei stellen wolle.

Mit Freuden sagte Kautsky ja und reiste im Januar 1880 nach Zürich, wo er von Höchberg als literarischer Beirat engagiert wurde. Nun begann für ihn ein neues Leben, eine neue Welt tat sich ihm auf, er trat in einen Kreis von geistig hochstehenden Menschen, in dem er lernen konnte und musste. Es war eine herrliche Zeit für ihn, und als ihn Höchberg gar im April 1881 einiger Arbeiten wegen nach London schickte und ihm dadurch die Gelegenheit verschaffte, mit Marx und Engels in persönliche Berührung zu kommen, da war er auf dem Gipfel der Glückseligkeit. Drei Monate durfte er in London verbringen und in eifrigem Studium die Schätze kennenlernen, die das Britische Museum birgt. Und von dieser Zeit an blieb er in stetem schriftlichen Verkehr mit Engels, der ihm seinen Rat nie versagte und mit seiner Kritik nie kargte. Da die ***Richterschen Jahrbücher*** sich nicht halten konnten, sie wurden in Deutschland gleich nach ihrem Erscheinen verboten, so schrieb Kautsky zahlreiche Artikel für verschiedene andere Blätter, an denen Höchberg interessiert war, so zum Beispiel für die ***Staatswirtschaftlichen Abhandlungen***. Neben Bernstein arbeitete er auch am ***Sozialdemokrat*** mit. Mit der Zeit gerieten beide in Gegensatz zu Höchberg, dem der Klassenkampfstandpunkt stets unbehaglich gewesen. War er doch als »Philanthrop« in die Partei gekommen, nicht wie Bernstein und Kautsky als »Rebell«.

In den mehr akademischen Schriften, die unter Höchbergs Ägide erschienen dessen Hauptinteresse der Arbeiterschutz bildete, waren die Gegensätze nicht so zum Ausbruch gekommen, wie im ***Sozialdemokrat***, dessen Haltung Höchberg mit der Zeit ein Greuel wurde.

Es erschien daher Bernstein und Kautsky schließlich angemessen, aus Höchbergs Diensten zu scheiden. Sie taten es ohne persönlichen Groll, in aller Freundschaft. Bernstein blieb in Zürich, Kautsky ging nach Wien zurück im Frühjahr 1882. Er trug sich mit der Absicht, ein eigenes Organ zu gründen, das der Propagierung und Entwicklung des konsequenten Marxismus dienen sollte, zu dem sich Kautsky nun durchgerungen hatte. Aber in Wien waren inzwischen die Parteiverhältnisse trostlos geworden.

Most und seine anarchistischen Ideen beherrschten die Situation, und die Sozialdemokratie war auf ein ganz kleines Häuflein zusammengeschmolzen. Kautsky beabsichtigte daher, eine sozialistische Revue in Deutschland herauszugeben, trotz des Sozialistengesetzes. Zu diesem Zweck setzte er sich mit dem Stuttgarter Parteiverleger Dietz in Verbindung. Bebel und Liebknecht interessierten sich auch für das Unternehmen, ebenso Heinrich Braun, der damals in Wien lebte und dort mit Kautsky verkehrte. So kam es im Herbst 1882 zur Gründung der ***Neuen Zeit***, die dann im Januar 1883 zu erscheinen begann. Dies zog die Übersiedlung Kautskys nach Stuttgart, dem Sitz des Verlages, nach sich. Da die neue Zeitschrift aber nicht glänzend gedieh und Kautsky von dem Redaktionsgehalt von 150 Mark monatlich nicht leben konnte, so ging er wieder nach Zürich, wo er Aussicht hatte, an der ***Züricher Post*** ständig mitzuarbeiten.

Doch vermochte ihn die Schweizer Politik nicht zu fesseln, und so entschloss er sich im Winter 1883/84 zu seiner alten Liebe zurückzukehren: nach London mit seinem Engels und seinem Britischen Museum. Von dort aus redigierte er weiter ***Die Neue Zeit***, die sich trotz der sozialistengesetzlichen Hindernisse doch gehalten und es zu Ehr' und Ansehen gebracht hatte. Sie war das wissenschaftliche Organ der Partei geworden. In London entstanden in rascher Folge die Bücher **Karl Marx's ökonomische Lehren** (1887), **Thomas More und seine Utopie** (1888), **Die Klassengegensätze von 1789** (1889).

Nach einem kurzen Aufenthalt in Wien kehrte Kautsky wieder nach London zurück. Aber da brachten die Februarwahlen von 1890 das Sozialistengesetz zu Fall und die hochgehende sozialistische Welle trug ***Die Neue Zeit*** zu großer Bedeutung empor.

Dietz war der Meinung, jetzt sei der Moment gekommen, ***Die Neue Zeit*** aus einer Monats- in eine Wochenschrift zu verwandeln. Und obzwar Kautsky fürchtete, sie werde dadurch auf Kosten ihres wissenschaftlichen Charakters zu einer mehr aktuell-politischen Revue werden, so fügte er sich doch den Dietzschen Argumenten und willigte in die Umwandlung ein. Diese bedingte aber auch Kautskys Übersiedlung nach Stuttgart, dem Ort des Verlags, die er 1890 vollzog. Die nach dem Sozialistengesetz neu organisierte Partei musste sich nun auch ein neues Programm geben. Der Kongress zu Erfurt entschied sich für den Programmentwurf, den Kautsky vorgelegt hatte, nachdem auch Engels und Bebel sich dafür erklärt hatten. Kautsky bekam den Auftrag von der Partei, einen Kommentar dazu zu schreiben, der 1892 unter dem Titel **Das Erfurter Programm** erschien.

Trotz der starken Inanspruchnahme durch die Redaktion, trotz zahlreicher Artikel und nicht minder zahlreicher Polemiken auf den verschiedensten Gebieten, die Kautsky in der ***Neuen Zeit*** veröffentlichte, fand er in den ersten Jahren nach dem Fall des Sozialistengesetzes noch Zeit zur Abfassung mehrerer Bücher, so 1893 die Schrift über »Parlamentarismus und Demokratie«, die ihre Entstehung dem Umstand verdankte, dass in manchen Kreisen der deutschen Partei Stimmen für die Ersetzung des parlamentarischen Systems durch die direkte Gesetzgebung laut wurden, wofür sie auf das Beispiel der Schweiz hinwiesen. Der ursprüngliche Titel des Buches lautete auch **Der Parlamentarismus, die Volksgesetzgebung und die Sozialdemokratie**. Aber auch mit weniger aktuellen Themen beschäftigte sich Kautsky, und eine Frucht dieser historisch soziologischen Studien, die sich hauptsächlich mit Thomas Münzer befassten, bildet sein 1894 erschienenes Werk **Die Vorläufer des neueren Sozialismus**.

Alle die eben genannten Werke verdankten ihr Entstehen dem verhältnismäßig ruhigen Leben in Stuttgart. Mit der Zeit und mit dem Wachstum der Zahl der die Partei beschäftigenden Probleme hatte sich jedoch die räumliche Trennung des wissenschaftlichen Organs von dem Zentrum der Partei immer unangenehmer fühlbar gemacht, so dass Kautsky ernstlich seine Übersiedlung nach Berlin erwog, die er auch im Herbst 1897 bewerkstelligte. Dort trat er in freundschaftlichen Verkehr mit fast allen führenden Genossen. Besonders innig gestaltete sich sein Verhältnis zu Bebel, der bald zum regelmäßigen Sonntagsgast im Kautskyschen Hause wurde.

Der Zusammenbruch des Sozialistengesetzes gestattete eine immer größere Freiheit der Meinungsäußerungen in der Partei, und so konnte es nicht ausbleiben, dass unter den seit 1890 ihr zuströmenden Elementen eine große Mannigfaltigkeit der Ansichten sich kundgab in taktischen wie auch in theoretischen Fragen. Es bildeten sich alsbald zwei Flügel in der Partei, der radikale, der streng an den bisher erprobten Grundsätzen festhielt und der theoretisch von Kautsky geführt wurde, und der später sogenannte revisionistische, an dessen Spitze der in London lebende Bernstein stand. Den Auftakt zur revisionistischen Bewegung gab eine Diskussion über die Agrarfrage, die sich an eine von Vollmar und Schönlank auf dem Frankfurter Parteitag 1894 eingebrachte Resolution knüpfte, dass die Partei von jetzt ab nicht nur Arbeiter-, sondern auch Bauernschutz treiben sollte.

Kautsky wandte sich dagegen, dass man den bäuerlichen rückständigen Kleinbetrieb fördern und stützen solle, da er in dem rationell mit modernen, nach wissenschaftlichen Methoden betriebenen Großbetrieb das erstrebenswerte Ziel einer sozialistischen Gesellschaft sah, natürlich in Großbetrieben auf genossenschaftlicher Basis. Eine dritte Richtung vertrat Eduard David, der in der bäuerlichen Familienwirtschaft sein Ideal erblickte und Zerschlagung und Parzellierung der Großbetriebe propagierte.

Gegen diese Ansicht wandte sich Kautsky in einem umfangreichen ökonomischen Werk, **Die Agrarfrage**, das zuerst 1899 und 1902 in zweiter Auflage erschien, seit langem vergriffen ist und nicht wieder aufgelegt wurde. Da seither die Fülle neuer Tatsachen und Erfahrungen, die gänzlich veränderten ökonomischen Verhältnisse, die ungeheuren technischen Fortschritte eine vollständige Neubearbeitung erforderten und da Kautskys Interesse sich inzwischen anderen Problemen zuwendete, so wird der **Agrarfrage** wohl kaum noch eine Neuauflage beschieden sein. Einen kleinen Ersatz sollte das 1921 erschienene Büchlein über **Die Sozialisierung der Landwirtschaft** bieten, das aber auch schon vergriffen ist.

Inzwischen war die Diskussion über den Revisionismus immer lebhafter, ja leidenschaftlicher geworden. Die anfänglich in Artikelform in der Neuen Zeit erschienene Kritik, die Bernstein an den Grundlagen der marxistischen Theorien übte, wurde von ihm in einem Buch zusammengefasst und 1899 unter dem Titel **Voraussetzungen des Sozialismus und die Aufgaben der Sozialdemokratie** veröffentlicht. Kautsky ließ noch in demselben Jahr eine Gegenschrift **Bernstein und das sozialdemokratische Programm. Eine Antikritik** erscheinen, ein Werk, das ebenfalls längst vergriffen ist. Die tiefen theoretischen Differenzen übertrugen sich leider auch auf das persönliche Verhältnis zwischen Bernstein und Kautsky, das so lange Jahre hindurch das denkbar innigste gewesen, und zerstörten ein Freundschaftsband, das unzerreißbar geschienen hatte. Kautsky litt schwer unter diesem Konflikt. Mehr als ein Dezennium dauerte die Trennung der beiden, und erst der Weltkrieg hat sie wieder in völliger Ideengemeinschaft vereinigt.

Trotz der Inanspruchnahme durch die Kämpfe zur Abwehr des Revisionismus ging Kautsky in dieser theoretischen Polemik nicht unter, sondern beschäftigte sich daneben mit aktuellen Fragen, so u. a. mit der der Konsumvereine, zu deren Klärung er 1897 die Schrift **Consumvereine und Arbeiterbewegung** schrieb. Auch bekämpfte er lebhaft die von Max Schippel befürwortete Schutzzöllnerei, der er 1901 in seinem Schriftchen **Handelspolitik und Sozialdemokratie** entgegentrat. Der Abwehr Schippelscher Tendenzen galt auch die 1907 erschienene Broschüre **Sozialismus und Kolonialpolitik**. Die beiden Schriften sind jedoch unpolemisch gehalten, ebenso wie das als Ausklang der revisionistischen Diskussion 1906 erschienene (leider ebenfalls seit langem vergriffene) Büchlein **Ethik und materialistische Geschichtsauffassung**.

Schon längst war Kautskys Aufmerksamkeit auf die Ereignisse in Russland gelenkt worden, und er war zur Überzeugung gelangt, dass sich dort eine Revolution vorbereitete, die andere Revolutionen im Gefolge haben und die Anschauungen und Prophezeiungen der Revisionisten bald ad absurdum führen würde.

In dieser Erwartung hatte er 1902 schon ein Buch über **Die soziale Revolution** geschrieben, den »Baedeker für den Zukunftsstaat«, wie Fürst Bülow sich im Reichstag darüber ausdrückte.

Und 1905 kam wirklich die russische Revolution, die zwar schneller zusammenbrach, als Kautsky erwartet hatte, die aber auch im übrigen Europa manchen Fortschritt zeitigte, so das allgemeine, gleiche Wahlrecht für Österreich und eine Verschärfung der Wahlrechtskämpfe in Preußen. Diese Veränderung in der Stellung der Arbeiterklasse im Staat veranlasste Kautsky 1909 zur Abfassung seines Buches **Der Weg zur Macht**.

Hatte Kautsky bisher immer gegen den rechten Flügel der Partei zu kämpfen gehabt, so waren es nach der russischen Revolution von 1905 seine früheren engeren Waffengefährten von links, die ihn jetzt scharf attackierten, die vier L.: Ledebour, Lensch, Liebknecht und Luxemburg.

Nach vielen scharfen polemischen Artikeln von beiden Seiten in der ***Neuen Zeit*** fasste Kautsky seine Untersuchungen über den Gegenstand in einem Buch über den »politischen Massenstreik« zusammen, das knapp vor Kriegsausbruch erschien. Einige Jahre vorher musste sich Kautsky auch mit rein theoretischen Aufgaben beschäftigen, die sich ihm dadurch gestellt hatten, dass die letzte noch am Leben befindliche Tochter von Marx ihn mit der Herausgabe des Nachlasses ihres Vaters betraute. Den Teil, der in das Gebiet der

Parteigeschichte fiel, überließ Kautsky Mehring, einige ökonomische Abhandlungen daraus veröffentlichte er in der ***Neuen Zeit***, eine besonders wichtige ließ er als »Einleitung« in einer Neuausgabe der **Kritik der politischen Ökonomie** erscheinen.

Die Hauptaufgabe aber bestand in der Herausgabe der **Theorien über den Mehrwert**, zu deren Fertigstellung Kautsky volle fünf Jahre brauchte, von 1905, wo die ersten Bände erschienen, bis 1910, dem Erscheinungsjahr des letzten Bandes. Neben der Schwierigkeit des Gegenstandes machte die Unfertigkeit des Manuskripts und nicht zum wenigsten die beinahe unleserliche Marxsche Handschrift die Aufgabe zu einer unendlich mühevollen. Doch lohnte das Ergebnis Kautskys Mühe.

Zu diesen Arbeiten gesellte sich 1913 noch die Herausgabe einer Volksausgabe des ersten Bandes von Marx' **Kapital**.

Nicht unerwähnt soll hier ein Werk bleiben, das Kautsky, als sich eine Neuauflage der »Vorläufer« nötig machte, 1908 veröffentlichte und das zu den meistgelesenen seiner Werke gehört: **Der Ursprung des Christentums**, die Frucht der Fortsetzung von Kautskys Studien über die Anfänge des Christentums. Eine weitere theoretische Arbeit gilt einer Untersuchung der Bevölkerungsfrage, die, wie wir gesehen, Kautsky schon in seinem Erstlingswerk behandelt hatte. Da immer wieder Anfragen an ihn kamen, ob er noch auf seinen damaligen Standpunkt stehe, so gab er seine Antwort in dem Werke **Vermehrung und Entwicklung in Natur und Gesellschaft**, das 1910 erschien, jedoch leider auch längst vergriffen ist.

Im Verfolg der Studien zu diesem Werk geriet Kautsky auch auf ein demselben benachbartes Gebiet und setzte sich bei dieser Gelegenheit mit den Argumenten der Rassentheoretiker auseinander in seiner Schrift **Rasse und Judentum** (1914), die anfänglich in dem Toben des Weltkrieges unterging, später aber bald eine zweite erweiterte Auflage erforderte und in interessierten Kreisen Aufmerksamkeit erregte. Kautsky hat dort vor bald einem Jahrzehnt genau jene Pogrome vorhergesagt, die sich heute in Palästina abspielen und die er als eine unvermeidliche Folge der dortigen jüdischen Kolonisation voraussah.

Wir haben gesehen, dass Kautsky zu Beginn des Weltkrieges ziemlich isoliert war, um so mehr als er in der Frage der Kriegskredite eine Mittelstellung einnahm und zur Stimmenenthaltung riet, dass heißt, forderte, man sollte nicht bedingungslos zustimmen oder ablehnen. Später, als die Haltung der Regierung klarer wurde, forderte er unbedingte Ablehnung.

Die scharfen Angriffe, die ihm seine Haltung von rechts und von links eintrug, sind wohl noch in aller Erinnerung. Einzig und allein mit Bernstein fand Kautsky sich damals taktisch und praktisch wieder vereint.

Unter der Kriegszensur entstanden folgende Schriften Kautskys, die heute alle vergriffen und schon halb vergessen sind: **Nationalstaat, imperialistischer Staat und Staatenbund** (1915), **Die vereinigten Staaten Mitteleuropas** (1916), **Serbien und Belgien in der Geschichte** und **Elsaß-Lothringen** (1917) und **Die Befreiung der Nationen** (1918). Eine Arbeit über **Kriegsmarxismus** musste Kautsky wegen Zensurschwierigkeiten in Wien veröffentlichen (1918). Und ein weiteres Opfer der Militärzensur wurde eine Studie über die **Sozialdemokratische Bemerkungen zur Übergangswirtschaft**, die, obwohl schon im März 1918 vollendet, erst nach Kriegsende in den Revolutionswirren erscheinen konnte, wo sie fast unbeachtet unterging.

Kautskys Isolierung in der Partei nahm inzwischen ständig zu. Der Spaltung, die 1917 die Partei völlig zerklüftete, hatte er sich mit allen Kräften widersetzt, hatte sie jedoch nicht verhindern können. Er wurde sozusagen eines ihrer ersten Opfer, denn mit dem Großteil der neugegründeten »Unabhängigen Sozialdemokratie« ging er nicht einig, und die alte Partei konnte ihm noch immer seine Stellungnahme in der Kriegsfrage nicht verzeihen. Es kam soweit, dass ihm der Parteivorstand die Redaktion der ***Neuen Zeit***, des von ihm gegründeten und durch 35 Jahre geleiteten Organs, kurzerhand entzog. Diese gewaltsam erzwungene Trennung von der Stätte seines jahrzehntelangen Wirkens traf Kautsky unsagbar schmerzlich. Dazu kam seine durch das Auftreten des Bolschewismus sich stets mehr verschärfende Isolierung.

Von allem Anfang an hatte Kautsky sich energisch gegen die bolschewistischen Methoden gewendet, was ihm die unflätigsten Beschimpfungen nicht nur von den russischen, sondern auch von den sich jetzt auch Kommunisten nennenden deutschen Spartakisten eintrug. Das hinderte Kautsky natürlich nicht, seinen Standpunkt tapfer und unbeirrt zu vertreten in seinen Schriften: **Die Diktatur des Proletariats** (1918), **Terrorismus und Kommunismus** (1919) und **Von der Demokratie zur Staats-Sklaverei** (1921).

Die November-Revolution 1918, die auf kurze Zeit den Riss zwischen den feindlichen Brüdern in der deutschen Sozialdemokratie zusammenkleisterte, hatte zur Folge, dass Kautsky als beigeordneter Staatssekretär ins Auswärtige Amt berufen wurde. Brockdorff-Rantzau, der Nachfolger Solfs, hätte Kautsky vielleicht Verständnis entgegengebracht, da er Bereitwilligkeit zur Zusammenarbeit zeigte, aber das Ausscheiden der Unabhängigen aus der Regierung setzte Kautskys Tätigkeit im Auswärtigen Amt ein rasches Ende. Nur eine Aufgabe war ihm dort verblieben: die Sammlung der Akten über den Kriegsausbruch, die er mit Zustimmung der folgenden Regierung zu Ende führen konnte. Unter dem Titel **Die deutschen Dokumente zum Kriegsausbruch** hat Kautsky das Werk gemeinsam mit Professor Schücking und Graf Montgelas, die ihm von der Regierung zur Seite gestellt worden waren, im Herbst 1919 in vier Bänden herausgegeben. Eine weitere Frucht seiner Aktenstudien war sein

Buch **Wie der Weltkrieg entstand**, durch das er sich den glühenden Hass aller deutschnationalen und völkischen Kreise zuzog.

Das Angebot der unabhängigen Volksbeauftragten, neben Cunow und Lensch eine Professur an der Berliner Universität zu übernehmen, lehnte Kautsky ebenso ab, wie Eisners Anerbieten, an der Münchner Universität der Nachfolger des eben abgehenden Professors Brentano zu werden. Hatte doch Kautsky von jeher das Gefühl gehabt, dass seine Stärke nicht das Wort, sondern die Schrift sei, und fühlte er sich doch stets viel wohler an seinem Schreibtisch als am Vortragstisch.

Einer anderen Ernennung jedoch entzog er sich nicht – der zum Mitglied der Sozialisierungskommission. Den dort gestellten Aufgaben fühlte er sich gewachsen, und sie interessierten ihn aufs Höchste.

Die Januar-Unruhen des Jahres 1919 lähmten zwar die Wirksamkeit der Sozialisierungskommission, aber die von ihr veranstalteten Untersuchungen und Enqueten und ihre äußerst sorgfältig ausgearbeiteten Vorschläge enthalten viel wertvolles Material für die Zukunft.

Schlimmer wirkten sich die Januarereignisse für die Partei aus, die nun völlig zerrissen wurde. Kautsky wurde immer vereinsamter. Mit den Unabhängigen, von denen ein immer größerer Teil den Kommunisten zuströmte, fühlte er sich kaum mehr verbunden, und da alle seine Mahnungen zur Mäßigung und Einigung ungehört verhallten, so erwog er ernsthaft seine Übersiedlung nach Österreich, wohin ihn die einig gebliebene österreichische Sozialdemokratie lockte. In dieser Stimmung, angeregt durch den Austritt der Unabhängigen aus der Zweiten Internationale, schrieb Kautsky sein Buch über **Vergangenheit und Zukunft der Internationale**, das 1920 in Wien erschien.

Es waren harte Zeiten, die der alte Kämpfer damals durchlebte, und wie ein Ausweg aus dem Konflikt der Gefühle erschien ihm die Annahme einer dringenden Einladung der menschewistischen Regierung Georgiens, er möge zusammen mit der Reihe bewährter Führer aus der Zweiten Internationale eine Studienreise nach Georgien unternehmen. Da die staatliche Entwicklung dieses Agrarlandes unter sozialdemokratischer Führung ihn lebhaft interessierte, so nahm er die Einladung an und reiste im September 1920 dahin. Drei Monate verbrachte er bei den gastfreien Georgiern, und die Ergebnisse seiner dortigen Studien legte er in seinem Buch **Georgien, eine sozialdemokratische Bauernrepublik** nieder, das 1921 in Wien erschien. Bei der Rückkehr nach Deutschland im März 1921 fand Kautsky dort eine ganz veränderte Situation vor. Auf dem Parteitag in Halle, Oktober 1920, hatte die Linke der USPD ihren Anschluss an die Kommunistische Partei vollzogen. Dadurch war eine Klärung in der Partei geschaffen, und da sich inzwischen auch die politischen Verhältnisse etwas geklärt hatten, so blieb Kautskys heißes Bemühen, die feindlichen Brüder zu einigen, nicht mehr erfolglos. Um die Notwendigkeit der Einigung theoretisch zu begründen, schrieb er sein Werk **Die proletarische Revolution und ihr Programm**, in dem er auf Grund der Erfahrungen der letzten zwei Jahrzehnte vor dem Krieg die Bedingungen untersuchte, die Krieg und Nachkriegszeit geschaffen hatten. Mit diesem Werk hoffte er den programmatischen Boden zu schaffen, auf dem beide Richtungen der Sozialdemokratischen Partei einig weiterarbeiten konnten und sollten. Das Buch erschien im Juni 1922. Gleich nachher fielen die Schüsse, die Rathenau dahinrafften. Über seinem Grab hinweg reichten sich im Herbst 1922 die feindlichen Brüder endlich die Hände. In Nürnberg erfolgte die von Kautsky so sehr ersehnte Einigung, die auch seiner Isolierung in der Partei ein Ende machte. Hatten ihm zwar auch in den Zeiten der Spaltung selbst die Genossen der andern Richtung niemals ihre Achtung und ihre Sympathie entzogen, waren auch sie stets von der Lauterkeit seiner Gesinnung überzeugt geblieben, so tat es dem alten, nun fast 70-jährigen Verfechter des proletarischen Klassenkampfes doch unendlich wohl, jetzt wieder der allgemeinen Zustimmung sicher zu sein, wie sie sich auf dem Einigungskongress in stürmischen Zurufen kundgab.

Da jedoch seine bestimmte Erwartung, man werde ihm sein liebstes Kind ***Die Neue Zeit***, nun wieder zurückerstatten, sich nicht erfüllte, er daher keine Tribüne hatte, von der er aus richtunggebend wie in den mehr als drei Jahrzehnten seiner Redaktionsführung wirken konnte, so ergab es sich, dass er, seiner alten Neigung folgend, sich wieder hauptsächlich der theoretischen Forschung und der Vertiefung der Marxschen Lehre widmete. Und da diese Art der Beschäftigung ihn nicht an Berlin fesselte, sondern ihm die Freiheit ließ, seinen Aufenthaltsort zu wählen, so bestimmte ihn der Umstand, dass seine drei Söhne nach dem Krieg sich in Wien niedergelassen hatten, auch dahin zu übersiedeln.

Dort ist Anfang 1927 das große zweibändige Werk Kautskys über **Die materialistische Geschichtsauffassung** abgeschlossen worden, das im Herbst 1927 in Berlin, bei J.H.W. Dietz Nachfolger, erschien. Kautsky selbst sagt von diesem Werk in der Vorrede:

> »Es bildet die Quintessenz meiner Lebensarbeit. Es stellt die Methode dar, auf der fußend ich seit einem halben Jahrhundert arbeitete. ... So lege ich sie jetzt dar nicht bloß als Grundlage, sondern auch als Ergebnis der Arbeit meines Lebens.«

Und am Schluss der Vorrede sagt Kautsky weiter:

> »Nichts würde mich mehr beglücken, als wenn es mir gelänge, mit meinem Buch das Interesse für die materialistische Geschichtsauffassung reger zu gestalten, sowie die Fülle von Problemen erkennen zu lassen, die sie umfasst, klares Verständnis für sie zu verbreiten und aller Schablonen-

> haftigkeit in ihrer Anwendung entgegenzuwirken. Ich habe meinem Werke die Aufgabe gestellt, in dieser Weise die Befreiung der arbeitenden Menschheit zu fördern. Möge es dieser großen Aufgabe gewachsen sein!«

Der unvorhergesehene, alle Erwartungen weit übertreffende Erfolg, der diesem Werk beschieden war, dessen erste Auflage binnen Jahresfrist vergriffen war, hat Kautsky mit tiefer Genugtuung erfüllt, die nicht nur dem äußeren Erfolg, sondern mehr noch dem Umstand gilt, dass dies starke Interesse den Beweis dafür bietet, wie sehr die Lehre, deren Verbreitung er zu seiner Lebensaufgabe machte, von den Köpfen Besitz ergriffen hat.

Und dieses beglückende Bewusstsein gibt ihm die Kraft, unermüdlich weiterzuarbeiten in der von ihm eingeschlagenen Richtung. Eine nach der von ihm stets geübten historischen Methode angestellte Untersuchung über **Krieg und Demokratie** bildet den Gegenstand des Werkes, an dem Kautsky im Augenblick arbeitet, mit demselben Feuereifer arbeitet, der schon den Jüngling beseelte. Geben wir Kautsky zum Schluss nochmals selbst das Wort:

> »Ob meine Lebensarbeit dem gesellschaftlichen Fortschritt gedient hat, ob sie in der richtigen Richtung vor sich gegangen ist, darüber steht mir die Entscheidung nicht zu. Wohl aber darf ich sagen, dass ich seit mehr als einem halben Jahrhundert, seitdem ich eine bestimmte Richtung eingeschlagen, nie wieder an ihr irre geworden bin. Ich hatte manche Illusion zu begraben, manchen Irrtum zu erkennen und richtigzustellen, meine Auffassungen hatten bis in die jüngste Zeit manche Entwicklung durchgemacht. Aber jede neue Einsicht diente nur dazu, meine Überzeugung von der Richtigkeit des Weges, den ich eingeschlagen, und der Methode, die ich angewandt, zu vertiefen. So werde ich sterben, wie ich gelebt, als unverbesserlicher Marxist!«

Paul Levi

(1883 – 1930)

Quelle: »Erinnerung an Paul Levi«, in: ***Arbeiter-Zeitung***, 42 (1930), 14. Februar 1930, S. 3–4.

Die unerwartete Nachricht von dem tragischen Tode Paul Levis hat mich aufs Tiefste erschüttert. Kaum vier Wochen sind es her, dass wir uns trafen und sprachen, noch fühle ich den warmen Druck seiner Hand, noch liegt mir im Ohr der Klang seiner Stimme und seines mich anheimelnden süddeutschen Dialekts, der die Schärfe seiner stets treffenden Witzworte für mich immer etwas milderte.

Denn es hat mich freilich gar manches Mal verdrossen, wenn ich sehen musste, wie diese Gabe des Witzes ihn, den glänzenden Plauderer und Stilisten, oft dazu verführte, gute Genossen anscheinend respektlos anzugreifen und nicht nur schonungs-, sondern hie und da auch hemmungslos ätzende Kritik zu üben, auch dort, wo parteigenössisches Verstehen und Verzeihen besser am Platze gewesen wäre. Und gar manches Mal hatte ich das Gefühl, solche Kritik treffe daneben und bleibe unfruchtbar, weil sie nur geübt wurde, um zu kritisieren, und keinen Weg zur Besserung weise.

Sprach man aber dann mit ihm, so sah man wohl, dass hinter manchen dieser scheinbar spielerischen und leicht hingeworfenen Reden und Artikel sich doch ein tiefer Ernst barg und dass dieser Mann, dessen Äußeres ebenso gepflegt war wie sein Stil, sich doch stets seiner großen sittlichen Mission bewusst war: vermöge seines umfassenden Wissens, seiner eminenten forensischen Begabung und seiner glänzenden juristischen Kenntnisse unentwegt den Kampf ums Recht zu führen, unbeirrbar dem Rechte und der Wahrheit zum Siege zu verhelfen.

Es ist an dieser Stelle schon gesagt worden, wie er, der längst schon als scharfsinniger Jurist in Deutschland einen guten Namen hatte, sich im vorigen Jahre weit über den Rahmen unserer Partei hinaus in dem sogenannten Jorns-Prozess Geltung verschaffte. Dort erhob er sich in seinem berühmt gewordenen Plädoyer zu solcher sittlichen Höhe, dass er aus dem Verteidiger des Angeklagten selbst zum Ankläger wurde. Vor seinen wuchtigen Argumenten zerstob das ganze Lügengespinst der reaktionären Mörderbande ins Nichts und das helle Licht der Wahrheit ergoss sich mit einem Male über das dunkle Drama der Ermordung von Rosa Luxemburg und Karl Liebknecht.

Damals hat Paul Levi den Höhepunkt seines Ruhmes erklommen, hat durch sein hohes Ethos viele von denen, die ihm vorher oft ob seiner rücksichtslosen Kritik gram waren, zu sich bekehrt, so dass jetzt, wo ihn ein grauser Tod so unerwartet früh hinweggerafft, in der ganzen deutschen Partei und in weiten demokratisch empfindenden Kreisen der deutschen Republik nur eine Stimme der Klage und des Schmerzes um diesen Toten laut wird.

Nur wenige Minuten Weges trennen das Unglückshaus, aus dessen fünftem Stockwerk Paul Levi den Todessturz getan hat, von jenem Hotel Eden, in dem Rosa ihre letzten Minuten lebte, an dessen Pforte sie den tödlichen Kolbenschlag empfing, der einen wahrhaft edlen Geist zerstörte.

Dass sich sein Lebensweg mit dem von Rosa Luxemburg kreuzte, ist sicher von großem Einfluss auf Paul Levis Entwicklung gewesen. Hat sie, die große Anregerin, ihn doch sicherlich erweckt und belebt und viele Keime zur Entfaltung gebracht, die in ihm schlummerten. Waren sie doch kongeniale Naturen, gleichsam aus demselben Holz geschnitzt, und trafen sie sich doch in ihrem revolutionären Sturm und Drang, dessen Gewalt sich gleichsam ungestüm gegen die Genossen und gegen die Gegner entlud. Und noch eines verband sie: Beide waren glänzende Stilisten, beide schwelgten nicht nur in den besten Werken der deutschen Klassiker und unserer großen sozialistischen Lehrer, an denen sie sich schulten, sondern beide schwärmten auch für die Meister des Stils jenseits des Rheins, und der Einfluss gallischen Geistes macht sich in den Schriften beider unleugbar bemerklich.

Dem Andenken Rosas hat Paul Levi eine heilige Anhänglichkeit bewahrt.

Dieses Gefühl schuf ein Bindeglied zwischen uns beiden, und trotzdem noch Jahre nach Rosas Tod vergehen mussten, ehe Paul Levi den Weg von den Spartakisten über die Kommunisten zur Partei der Unabhängigen und mit dieser zusammen ins gemeinsame Lager der sozialdemokratischen Partei fand, hat uns doch seit 1923 herzliche Freundschaft verbunden.

Nicht lange ist es her, dass ich, seiner liebenswürdigen Einladung folgend, die fünf steilen Treppen zu Paul Levis Junggesellenheim hinanklomm. Nachdem wir lange Erinnerungen über Rosa ausgetauscht und er manche interessante, mir vorher unbekannte Details aus seinem Verkehr mit ihr erzählt hatte, führte er mich in seiner kleinen, einfachen, aber mit auserlesenem Geschmack eingerichteten Mansardenwohnung umher und wies mir mit Stolz die Prachtstücke seiner Porzellansammlung, die er mit der Liebe des Kenners und Schätzers angelegt hatte.

Nun ist er, noch nicht siebenundvierzigjährig, dahingegangen. Viel zu früh ist er gestorben für seine Partei, für seine Freunde und vor allem für die Aufgabe, die er sich gestellt und der er seine ganze Kraft geweiht hatte: die Wahrheit und die Gerechtigkeit über alle Niedertracht triumphieren zu lassen.

Die deutsche Partei und die Internationale sind um einen tapferen Kämpfer, um einen feinen, reichen Geist ärmer, für dessen Eigenart in ihren Reihen zurzeit kein Ersatz zu erblicken ist.

Karl Liebknecht

(1871 – 1919)

Quelle: Auszug aus: »Karl Liebknecht - Rosa Luxemburg. 15. Januar 1919 – 15. Januar 1929«, in: ***Jungsozialistische Blätter***, 8 (1929), Heft 2, Februar 1929, S. 53–59.

Zwei Namen sind es vor allem, die mit blutigen Lettern in das Buch der Geschichte der deutschen Revolution von 1918 eingezeichnet sind: Karl Liebknecht und Rosa Luxemburg. Nicht, dass sie die Einzigen gewesen wären, die am Kreuze bereuen mussten, dass sie die Welt von den Tyrannen Kapitalismus und Militarismus befreien wollten – ach nein, die Zahl derer ist gar groß, die in dieser heißen, stürmischen Zeit ihr Leben lassen mussten für ihren Glauben an eine bessere, schönere Zukunft. Kurt Eisner, Gustav Landauer, Leo Jogiches und noch viele, viele andere führende Geister und unzählige namenlose Helden sanken dahin, gemeuchelt von verrohten Soldaten oder von blinden Werkzeugen der Gegenrevolution.

Aber keine der Schandtaten hat einen solchen Schrei der Entrüstung, des Entsetzens ausgelöst, wie der feige, tückische Mord an Karl und Rosa, diesen beiden edelsten Gestalten, in denen sich für Tausende und Abertausende von

Proletariern nicht nur in Deutschland, nein in der ganzen Welt, die Revolution selbst verkörperte.

Beherzigten doch diese beiden Kämpfer von ihrem ersten bis zu ihrem letzten Atemzug das Dichterwort:

»Der Dienst der Freiheit ist ein harter Dienst,
Er trägt nicht Gold, nicht Fürstengunst,
Er bringt Verbannung, Hunger, Schmach und Tod,
Und doch ist dieser Dienst der höchste Dienst«.

– und haben sie doch ihr opferreiches Leben mit dem Tod besiegelt, mit einem Tod solcher Art, dass ihre blutigen Stirnen uns Überlebenden immerdar mit der Märtyrerkrone geschmückt erscheinen werden.

Karl Liebknecht durfte sich einer Abkunft rühmen, die bestimmend für die ganze Richtung seines Lebens wurde. Sein Vater Wilhelm Liebknecht, der seinen Stammbaum bis auf Martin Luther zurückführte, war ein Freiheitskämpfer im wahrsten Sinne des Wortes gewesen, denn die Revolution von 1848 hatte ihn als Freischärler in ihren Reihen mit der Waffe in der Hand gesehen; und der Mann war lebtäglich den Idealen treu geblieben, zu deren Verwirklichung er sich als 22-jähriger Jüngling in den badischen Aufstand gestürzt hatte.

Mit Recht durfte daher Wilhelm Liebknecht sich selbst vor Gericht als Soldat der Revolution bezeichnen. Als solcher musste er gleich nach dem Fehlschlagen jenes Aufstands das bittere Brot der Verbannung essen. Im Jahre 1849 floh er in die Schweiz und dann nach England, wo er bis zum Jahre 1862 die ganze Misere der Existenz eines politischen Flüchtlings kennen lernte. Aber noch etwas anderes lernte er dort kennen, was seinen Gesichtskreis mächtig erweiterte, und das war das englische politische Leben und die englische Arbeiterbewegung. Und wenn auch das Heldenzeitalter des Chartismus für die englischen Arbeiter vorbei war und eben deren Verbürgerlichung durch die aufkommende Gewerkschaftsaristokratie begann, so wehte doch ein frischer Luftzug durch ihre Reihen. Die helle Kampfesfreude, mit der sie in den Kampf ums Wahlrecht eintraten, stand in grellem Kontrast zu der dumpfen Atmosphäre, die nach der Erhebung des Jahres 1848 in Deutschland herrschte, und wirkte belebend auf den jugendlich feurigen Revolutionsstreiter. Und dann fand Wilhelm Liebknecht in London einen Mann an der Spitze der Arbeiterbewegung, der wie kein zweiter berufen war, einem vorwärtsstürmenden Revolutionär Wegweiser, Führer und Berater zu sein, und dieser Mann hieß Karl Marx. Ein Dutzend Jahre war Wilhelm Liebknecht der Schüler von Karl Marx, und unauslöschlich blieben die Eindrücke, die er dort und damals in sich aufgenommen und verarbeitet hat. Die Bewegungsfreiheit der Engländer erschien ihm stets als Ideal. Solange er lebte, sah er englische Dinge in den glänzenden Farben seiner Jugendzeit, und englischer Reformismus mischte sich in seiner Person eigenartig mit deutschem Rebellentum. Und als Wilhelm Liebknecht im Jahre 1862 nach Deutschland zurückkehrte, da beschied ihm ein gütiges Schicksal wieder einen Freund und Genossen, der so wie Karl Marx kühnste revolutionäre Tatkraft mit kühl abwägendem Verstand vereinigte: August Bebel. Kein Wunder, dass Wilhelm Liebknecht mit solchen Freunden zur Seite zum großen Führer der deutschen Sozialdemokratie emporwachsen konnte, glänzend begabter Schriftsteller, der er zu alledem noch war. In deren erster und schwerster Zeit verdiente er sich seine Sporen in der Partei und stand stets auf seinem Posten, nicht achtend all der Entbehrungen und Leiden, die ihm in reichem Maße zuteil wurden.

Noch ehe Karl ein Jahr alt war, spielte sich in Leipzig der große Hochverratsprozess gegen seinen Vater, gegen August Bebel und Adolf Hepner ab, der mit der Verurteilung Liebknechts und Bebels zu zwei Jahren Festungshaft endete. Dieser Prozess war der Rachefeldzug, den die Bourgeoisie gegen Bebel und Liebknecht wegen der mannhaften Haltung unternahm, die sie im Reichstag anlässlich der Kreditforderungen für den deutsch-französischen Krieg eingenommen hatten. In dieser Atmosphäre wuchs sein Sohn Karl auf. Bei der ersten Forderung hatten sich die beiden der Stimme enthalten, bei der zweiten hatten sie trotz dem Wutgeheul und den maßlosen Beschimpfungen sämtlicher bürgerlicher Gegner mannhaft gegen die Bewilligung gestimmt. Bebel schreibt darüber im zweiten Band seiner Memoiren: »Die Haltung, die Liebknecht und ich bei Anfang und während der Dauer jenes Krieges in und außerhalb des Reichstags einnahmen, ist jahrzehntelang Gegenstand heftiger Erörterungen und heftiger Angriffe gewesen. Anfangs auch in der Partei. Aber nur kurze Zeit, dann gab man uns recht. Ich bekenne, dass ich unsere damalige Haltung in keiner Weise bedauere und dass, wenn wir bei Ausbruch des Krieges bereits gewusst hätten, was wir im Lauf der nächsten Jahre auf Grund amtlicher und außeramtlicher Veröffentlichungen kennen lernten, unsere Haltung vom ersten Augenblick an eine noch schroffere gewesen sein würde. Wir hätten uns nicht, wie es geschah, bei der ersten Geldforderung für den Krieg der Abstimmung enthalten, wir hätten direkt gegen dieselbe stimmen müssen.«

Im Jahre 1871 geboren, lernte Karl als kleines Bübchen auch schon die Schrecken des Sozialistengesetzes kennen.

In Borsdorf, wohin der aus Leipzig ausgewiesene Vater Liebknecht mit seiner Familie übersiedelt war, stand er mit großen Augen daneben, wenn nach verbotenen Schriften gehaussucht und das ganze Haus von oberst zu unterst gekehrt wurde, sah er des Nachts heimlich die Genossen kommen und gehen, die mit dem Vater beratschlagten, wie das lecke Parteischiff zwischen allen Klippen des tückischen Ausnahmegesetzes hindurchzusteuern wäre, ohne dass es vollends zerschelle.

Die Schrecken des Sozialistengesetzes, die die Familie Liebknecht am eigenen Leibe so sehr zu spüren bekam, reiften den Knaben frühzeitig zum trotzigen, revolutionären Jüngling heran. Der Freiheitskampf des Jahres 1848, in dem Wilhelm Liebknecht mitgefochten, und die heldenhaften Kämpfe der Kommune, als deren begeisterter Anhänger der Vater sich bekannte, waren dem Knaben wohlvertraute Ereignisse. Kein Wunder, dass sein ganzer Ehrgeiz ihn dazu trieb, es dem Beispiel des Vaters nachzutun, gleich ihm sein Leben dem Dienste der Freiheit zu weihen.

Seine juristischen Studien boten ihm die beste Möglichkeit, den krassen Ungerechtigkeiten der kapitalistischen Weltordnung nachzuspüren und ihre verderbliche Wirkung auf die Massen der Enterbten und Entrechteten zu beobachten. Und als er seine Studien vollendet hatte, da gab es keinen Anwalt, bei dem die vom Schicksal Geächteten lieber Zuflucht gesucht hätten, als bei dem jungen Karl Liebknecht. Doppelt heilig war ihm sein Beruf, weil er ihm die Möglichkeit verschaffte, Unrecht zu verhüten und soweit als möglich gutzumachen.

Ich lernte die Familie Liebknecht im Jahre 1897 kennen. Wilhelm Liebknecht war schon einige Jahre früher in Stuttgart unser gern gesehener Gast gewesen und hatte mich durch seine große Einfachheit und persönliche Liebenswürdigkeit gefangen genommen. Als wir 1897 nach Berlin übersiedelten, suchte ich Liebknechts gleich auf. Ich hatte unsern Jüngsten, damals ein knapp dreijähriges Kerlchen, mitgenommen und nach Kleinstädtergewohnheit den weiten Weg von Friedenau bis zur Kantstraße, wo Liebknechts damals wohnten, zu Fuß zurückgelegt. Mein Kleiner war müde, und der Alte, der ganz allein zu Hause war, bemühte sich zärtlich um ihn. Er nahm ihn auf den Arm und zeigte ihm alles, besonders seine Vögel, von denen es eine ganze Anzahl in der großen Berliner Stube gab. Ein würdiger Dompfaff und ein lebhafter Kreuzschnabel waren Vater Liebknechts besonderer Stolz. Plötzlich fiel ihm ein, dass das Bübchen doch hungrig sein müsse. Da war aber guter Rat teuer. Alle Spinde waren verschlossen, er konnte nichts Essbares finden. Nur ein Stückchen trocken Brot brachte er verlegen heraus. Da kam ihm eine gute Idee. Zwischen den Käfigstäben seiner Vögelchen staken verschiedene Stückchen Zucker; die holte er herbei und rieb sie emsig über dem Stückchen Brot, damit es doch nach etwas Süßem schmecke, und gab es triumphierend dem Kleinen, der es dankbar entgegennahm. Wilhelm Liebknecht war ein großer Kinderfreund. Seine fünf Jungens hatten keinen besseren Freund und Gefährten als ihn. Die großen Sonntagsspaziergänge, die wir mit der Familie Liebknecht oft machten, sind meinen Angehörigen und mir in schönster Erinnerung. Da wachte des Alten Lehrtalent wieder auf, und er machte die ihm andächtig zuhörende Jugend auf alles aufmerksam, was uns an Pflanzen und Getier unterkommen mochte.

Die jungen Liebknechts waren den noch jüngeren drei »Kautsky-Buben« liebe und geduldige Kameraden; besonders Karl hatte immer ein freundliches Lächeln und ein gütiges Wort für sie bereit. Auch noch im Mannesalter verjüngte und verschönte dieses freundliche Lächeln immer sein Gesicht, wenn er sich mit ihm sympathischen Personen unterhielt. Ich habe es auch auf seinem Antlitz gesehen, als ich ihn im Untersuchungsgefängnis der Moabiter Kaserne aufsuchte, und auch dann noch blitzte es auf, als er mir in den schwülen Januartagen des Jahres 1919 in den Bäumen des preußischen Abgeordnetenhauses die Hand drückte und mit mir ein paar herzliche Worte wechselte. Es sollte unser letztes Zusammentreffen sein. Keiner von uns beiden ahnte allerdings damals, dass kaum zwei Wochen später sein edles Herz zu schlagen aufgehört haben würde, dieses Herz, das erfüllt war von dem großen Mitleid mit den Qualen aller Kreatur, von dem glühenden Wunsch, zu bessern und zu helfen, und dem heißen Streben nach einer neuen, höheren Gesellschaftsordnung. Und daneben war in diesem großen Herzen noch Raum für die Liebe zu allem, was das Leben verschönt, für Musik und Dichtkunst und vor allem für die Wunder der Natur.

An einem schönen Frühlingstag gingen wir einmal mit ihm und seiner angebeteten Sonja längs der Havel spazieren. Wie freute er sich da kindlich an den Kätzchen einer jungen Birke. Wie entzückte ihn das wechselnde Bild der Wolken und des Sonnenscheins, der die Wintersaat auf den Feldern bald hell aufleuchten, bald in smaragdgrünen Schatten sich verdunkeln ließ! Da vergaß er Reichstag und Landtag und all die tausend Sorgen, die ihn sonst bewegten und ihn in steter Hetzjagd nicht zu Atem kommen ließen, da wurde er wieder zum Kind, und sein junges Gesicht strahlte vor Seligkeit und Glück und Freude am Dasein. Und so jung ist er geblieben trotz all dem Schweren, was ihm das grausame Schicksal noch bescherte. Nicht das Wutgeheul, das ihm im Parlament entgegenhallte, als er, den Spuren seines Vaters folgend, im Jahre 1915 die Kriegskredite verweigerte, nicht die Drohungen und der Hohn seiner militärischen Vorgesetzten, nicht Gefängnis und Zuchthaus vermochten dies jugendliche Feuer zu dämpfen, das ihn beseelte und in den letzten Wochen seines Lebens fast verzehrte.

So ähnlich Karl seinem Vater war im Wesen, in jeder Gebärde, in seiner Hingebung an die Sache der Freiheit und in der zähen Ausdauer im Kampfe um die Befreiung der Arbeiterklasse, so gab es doch fundamentale Unterschiede zwischen den beiden. War Wilhelm Liebknecht durch die englische Schule gegangen, so waren für Karl die Russen die Lehrmeister gewesen, die er sich in allem zum Vorbild nahm. Russisches Denken fesselte ihn und nahm ihn gefangen; ihm entnahm er die Auffassung, dass man auch dann und dort seine eigene Person bedenkenlos opfern muss, wenn man nichts anderes erreicht, als dass die allgemeine Aufmerksamkeit erregt und auf einen wunden Punkt im Gesellschaftskörper gelenkt wird.

Von solchen selbstlosen Motiven war er geleitet, als er am 1. Mai 1916 auf dem Potsdamer Platz demonstrierte, indem er mit weithin schallender Stimme »Nieder mit dem Krieg« rief, obgleich er genau wusste was ihm diese kühne Tat einbringen würde.

Und dieselbe Ideologie beherrschte ihn, als er nach seiner Freilassung aus dem Zuchthaus in Luckau im Oktober 1918 getreu dem Vorbild, das ihm die Kommunisten in Russland gaben, die Revolution in Deutschland weitertreiben wollte.

Der Wirklichkeitssinn, der trotz aller revolutionären Glut beim alten Liebknecht in allen gefährlichen Situationen die Oberhand behielt, er fehlte dem Sohne gänzlich. In edler Selbstaufopferung hat er in seinen Kampfmitteln sich vergriffen in einer Zeit, wo jeder Schritt vom Wege der Vernunft in den Abgrund führte.

Er hatte die Geistesverfassung der Massen, die nach dem viereinhalbjährigen Morden nichts wollten als Frieden und Brot, falsch eingeschätzt und war blind für die Möglichkeiten der Situation in dem völlig ausgehungerten Deutschland. Er hatte vor allem die Zahl seiner Anhänger überschätzt. Und als er mit einem Handstreich die Revolution in russische Bahnen lenken wollte, da tat das deutsche Proletariat nicht mit, da stand den paar Tausenden seiner Spartakisten die kompakte Masse der deutschen Arbeiter geschlossen und abwehrend gegenüber. Die Spartakisten wurden im Bürgerkrieg der Proletarier gegeneinander geschlagen.

Das war eine bittere historische Notwendigkeit und unter den damaligen Verhältnissen in Berlin unvermeidlich. Nichtswürdig aber war die Art, wie Karl Liebknecht das Opfer einer vertierten Soldateska wurde. … Und am gleichen

Tag wie er fiel Rosa Luxemburg, seine ihm ebenbürtige Kampfgenossin, sie, die in Freud und Leid unentwegt zu ihm gestanden und die nun auch in Not und Tod zu seiner treuen Gefährtin wurde.

Wilhelm Liebknecht

(1826 - 1900)

Quelle: »Ein Buch vom Werden der deutschen Arbeiterbewegung«, in: ***Arbeiter-Zeitung***, 44 (1932), 23. Oktober 1932, S. 5-6.

In der heutigen Zeit, da die Reaktion allen Ernstes daran denkt, der deutschen Republik im fünfzehnten Jahre ihres Bestehens hart zu Leibe zu rücken, wenn nicht gar ihr den Lebensfaden abzuschneiden, legt uns der Schweizer Genosse Ernst Nobs, Redakteur des Züricher ***Volksrecht***, ein Buch vor, **Aus Wilhelm Liebknechts Jugendjahren**[1], in dem er uns das Ringen der jungen Generation von 1848 um die republikanische Staatsform plastisch vor Augen führt.

Der Zeitraum, von dem das Buch handelt, sind die Jahre 1847 bis 1850. Der Held des Buches ist der damals einundzwanzigjährige Student Wilhelm Liebknecht, der Schauplatz des Geschehens ist die Schweiz. Nobs versteht es, den Gegenstand seiner Darstellung uns auch menschlich nahe zu bringen und sympathisch zu machen.

1 Ernst NOBS: **Aus Wilhelm Liebknechts Jugendjahren. Ein Buch vom Werden der deutschen Arbeiterbewegung und der Deutschen Republik, mit Holzschnitten von Aldo Patocchi**, Zürich (Verlag Genossenschaftsbuchhandlung) 1932.

Mit welcher Liebe hat er ihn aber auch gezeichnet, mit welch mühseligem Fleiß verborgene Quellen für sein Thema aufgespürt! Man beachte nur das stattliche Verzeichnis des Quellenmaterials am Schluss des Buches und man wird Respekt bekommen vor so viel Sorgfalt und Gründlichkeit. Diesem liebevollen Eifer verdankt nun die Arbeiterschaft aller Länder die Kenntnis einer Fülle von Tatsachen und Vorgängen aus der Frühzeit der Parteigeschichte, die vorher zum größten Teil völlig unbekannt waren.

Wir lernen den jungen, noch tastenden Studiosus Wilhelm Liebknecht kennen, erfahren, dass er die Absicht hat, nach Amerika auszuwandern, hören, warum er aber im letzten Augenblick davon abkommt und nach Zürich geht, wo er ein Lehramt übernimmt. Liebknecht selbst sagt später:

> »Lehrer zu sein, das schwebt mir mein Leben lang als das schönste Ziel vor, und ich glaube, als Lehrer von Fach hätte ich meinen Beruf nicht verfehlt. Es ist anders gekommen. Ich bin nicht geworden, was ich am liebsten geworden wäre.«

Nun, Wilhelm Liebknecht ist doch Lehrer geworden, und zwar einer im größten Stil. Er hat mehreren Generationen der deutschen Arbeiterschaft den Sozialismus beigebracht, sie gelehrt, dass Bildung frei macht und sie zu Freiheitskämpfern erzogen.

Neben der Lehrtätigkeit beginnt Wilhelm Liebknecht sich in Zürich noch auf einem zweiten Feld zu tummeln: Er wird Journalist und als solcher Mitarbeiter von republikanisch oppositionellen Blättern in Deutschland. Von dieser publizistischen Tätigkeit des jungen Liebknecht sagt Nobs:

> »Da ist ein Anfänger, dem das Beste eigen ist, was den Journalisten ausmacht: die große hingebende Anteilnahme an den Ereignissen. Aus ihr ergibt sich die Spannung, die Voraussetzung ist für jene strenge Aufmerksamkeit, die alles wahrnimmt, nichts Wesentliches fallen lässt und

> durch Gestaltung und Gruppierung und die Frische und Unmittelbarkeit der Empfindung die Beachtung des Lesers erzwingt.«

Etwa ein Jahr verbringt der Jüngling lehrend und lernend in Zürich und rückschauend erscheint ihm diese Zeit wie eine Idylle. Doch nun sollte diese ein Ende haben, denn das neubeginnende Jahr schrieb sich 1848, und in ganz Europa lohten die Flammen der Revolution empor. Da hält es ihn nicht länger in Zürich, unwiderstehlich treibt es ihn, mit dabei zu sein, und »Auf nach Paris!« ist die Losung, der er ohne Zögern folgt. In diesen Tagen geschehen jedoch in Deutschland Dinge, die ihn mächtig erregen, er fühlt, dort ist jetzt sein Platz, und rasch entschlossen, wie immer, lässt er sich in die Herweghsche Legion einreihen, die sich rüstet, in Deutschland einzufallen, um die Revolution hinzutragen. Krankheit hindert ihn dann, deren rasches und unrühmliches Ende zu teilen.

Liebknecht kehrt nun nach Zürich zurück, schließt sich aber bald wieder einem Korps von aufständischen Republikanern an, die von Zürich aus über Säckingen deutsches Gebiet betreten, um sich dort mit Gleichgesinnten zum Freiheitskampf zu vereinigen. Auch dieser Putsch misslingt, Liebknecht wird gefangengenommen und in Freiburg im Breisgau interniert, wo er drei Vierteljahre verbringen muss, die ihm jedoch durch die Liebe zur Tochter des Gefängnisinspektors verschönt werden. Acht Jahre später wird das junge Mädchen im Londoner Exil seine Frau. Nach der Befreiung aus dem Gefängnis wieder Teilnahme an einem Aufstand und neuerliche Flucht auf Schweizer Boden. Und

> »so steht Liebknecht im Sommer 1849 als heimatloser Flüchtling verfolgt und schutzlos in der Emigration, die Revolution mit ihrem Enthusiasmus und ihren Enttäuschungen hinter sich. Was seiner harrte, sollte noch schwerer sein.«

Anschaulich beschreibt Nobs dann das Leben der Emigranten. Große Namen aus der Revolutionsgeschichte klingen auf: Friedrich Engels, Alexander Herzen, F. A. Sorge, Mazzini, Brentano, Struve, Heinzen und noch viele, viele andre sind es, die in Genf Wilhelm Liebknechts Los teilen. Nachdem sein Versuch, die Schriftsetzerei zu erlernen, gescheitert ist, kehrt er wieder zu Schriftstellerei zurück, macht Übersetzungsarbeiten und treibt Politik, und zwar lokale, schweizerische, natürlich auf Seiten der Radikalen. Das Urteil, das sich F. A. Sorge in jener Zeit über Liebknecht bildete, lautet:

> »Er war ein feuriger, beredter Revolutionär von gewinnendem Äußern und immer tätig und darauf bedacht, die demokratisch-revolutionären Ideen zu fördern und zu verbreiten. ... Dies besonders durch die deutschen Arbeitervereine in der Schweiz.«

Und Nobs sagt über ihn:

> »So ist Liebknecht in der Emigration weder der Ausgelassenheit und Verwilderung der einen noch der Grämlichkeit und Kopfhängerei der andern verfallen. Er erkannte rasch den Mangel politischer Bildung und politischer Organisation unter der großen Masse der Flüchtlinge und der deutschen und einheimischen Arbeiter in der Schweiz. Da war eine Aufgabe von unheimlicher Größe. Man brauchte bloß anzupacken. Und Liebknecht griff zu.«

Schon in Zürich war Liebknecht dem deutschen Arbeiterverein »Eintracht« beigetreten. Seine Mitgliedskarte im Genfer Verein ist vom 1. August 1849 datiert. Rasch wird er zu dessen Schriftführer und schon anfangs Winter sein Präsident.

Im Augenblick, wo in Murten ein von Liebknecht einberufener Kongress sämtlicher Arbeitervereine in der Schweiz zusammentreten sollte, um ein gemeinsames Programm zu beraten und eine gemeinsame Zeitung zu gründen, wurden infolge der Angeberei des gewissenlosen Denunzianten Karl Vogt fast sämtliche Teilnehmer des Kongresses verhaftet, unter ihnen auch Wilhelm Liebknecht. Und wieder war es ein Freiburg, diesmal die Stadt dieses Namens in der freien Schweiz, wo man ihn einsperrte. Über diese Gefangenschaft hat Karl Marx in seiner Streitschrift gegen Karl Vogt ausführlich berichtet.

Nach seinem Prozess war Liebknechts Bleiben in der Schweiz nicht länger. Er wurde ausgewiesen. Vom 21. Februar bis Anfang April hatte seine Haft gedauert. Am 7. April lieferte ihn der Polizeidirektor von Freiburg in Pontarlier an die französische Polizei ab, von wo er mit seinem Flüchtlingspass und mit vorgeschriebener Zwangsroute unter Umgehung von Paris nach Le Havre reisen musste, um sich nach London einzuschiffen.

Der Same aber, den Wilhelm Liebknecht in der Schweiz mit säen geholfen hatte, ist trotz allen Hindernissen glänzend aufgegangen. Die aufgelösten Vereine konnten sich wieder sammeln, und nicht viel mehr als ein Jahrzehnt später hat ein andrer Deutscher Wilhelm Liebknechts Mission in der Schweiz vollbracht. Der schlesische Buchbinder Herman Greulich trat in seine Fußstapfen und ward zum Begründer der sozialdemokratischen Partei in der Schweiz.

Wilhelm Liebknecht aber schreitet »an jenem schönen Frühlingstag des Jahres 1850, wo er den blauen Bergen des Schweizer Jura einen letzten Gruß zuwinkt, einer bedrückenden Ungewissheit entgegen«. Der in der Schweiz vom Jüngling zum Mann Gereifte trägt jedoch den Kopf hoch, lässt sich nicht beugen noch brechen, auch nicht in den kommenden schwersten Jahren seines Lebens. Bis an sein Lebensende ist er »seinem zwiefachen Ideal« treu geblieben, das ihm von Jugend an vorschwebt: »ein freies einiges Deutschland und die Emanzipation des arbeitenden Volkes«. Ihm war es gegönnt, für dieses Ideal in ungebrochener Kraft zu wirken und zu kämpfen und viel davon verwirklicht zu sehen. Bis ins späte Alter behielt er die kampfesfrohe Heiterkeit, die schon den Jüngling auszeichnet. Wir, die wir den alten Liebknecht verehrt und geliebt haben, danken es unserem Genossen Nobs ganz besonders, dass er uns nun auch aus dem Leben des jungen ein so lebendiges, temperamentvolles und dabei anmutiges Bild gegeben.

Jeder Arbeiter sollte dieses Buch lesen. Für die Alten wird es eine Quelle der Belehrung und Erfrischung sein, der Jugend aber wird es an einem leuchtenden Beispiel zeigen, was der Gedanke des Sozialismus vermag, der den Jüngling Liebknecht beseelte und der ihn, trotz Hunger und Verbannung und angesichts von Not und Tod, zu einem Charakter werden ließ, dem »feiger Gedanken bängliches Schwanken« stets fremd blieb, und der »allen Gewalten zum Trotz sich erhalten« hat, so dass sein Bild ehern steht in der Geschichte des Sozialismus als das, wie er selbst sich bezeichnete, des »Soldaten der Revolution«.

Karl Marx

(1818 – 1883)

Quelle: ***Der Jugendliche Arbeiter. Zeitschrift der sozialistischen und freigewerkschaftlichen Arbeiterjugend Österreichs***, 32 (1933), Nr. 3, S. 4–9.

Als zweites Kind wurde dem jüdischen Rechtsanwalt Heinrich Marx und seiner Frau Henriette am 5. Mai 1818 ein Sohn geboren, dem sie den Namen Karl Heinrich gaben. Ihr erstes, um einige Jahre älteres Kind war ein Mädchen namens Sophie. Der Vater des Rechtsanwaltes Marx war Rabbiner in Trier gewesen. Die Mutter Karls entstammte einer alten Rabbinerfamilie aus Holland, die im 16. Jahrhundert aus Ungarn dorthin eingewandert war. Sie hat nie in ihrem Leben ordentlich Deutsch schreiben gelernt, wie man aus den uns erhaltenen Briefen an ihren Sohn ersehen kann. Trotz ihrer Abstammung waren weder Heinrich noch Henriette Marx fromme Juden, und so fiel es ihnen nicht schwer, ihren Glauben zu wechseln. Es geschah nicht aus religiösen, sondern aus durchaus praktischen Gründen, dass Heinrich Marx im Jahre 1816 und, acht Jahre später, als Karl sechs Jahre alt war, die Familie Marx zum

Christentum übertrat: Zwei Jahre, ehe Karl zur Welt kam, war der preußische Regierungspräsident Ludwig von Westphalen mit seiner Familie aus Salzwedel nach Trier versetzt worden. Bald verband die beiden Familien innigste Freundschaft. Das im Jahre 1814 geborene Töchterchen, Westphalens, Jenny, und deren Bruder Edgar wurden die unzertrennlichsten Gefährten der beiden ältesten Kinder des Hauses Marx. Der kleine Karl zog die Gesellschaft Jennys und seiner Schwester Sophie jeder anderen vor und musste dafür manchen Hohn und Spott von seinen Schulkollegen einstecken, die ihn wegen seiner Mädchenfreundschaft neckten. Doch Karl nahm das ruhig hin, denn trotzdem er ein echter Junge war, keck und rauflustig und stets zu tollen Streichen aufgelegt, konnte keine Spötterei ihn von der liebsten Gespielin abwendig machen.

In der Wahl ihrer Väter waren diese Kinder äußerst glücklich gewesen. Sowohl Ludwig von Westphalen als Heinrich Marx hatten größtes Verständnis für deren Eigenart, wussten die Kinder liebevoll zu leiten und sie schon in früher Jugend mit den Geistesschätzen der Weltliteratur bekannt zu machen. Marx' Vater war ein glühender Verehrer des großen Satirikers Voltaire; er führte seinen Knaben in dessen Werke und in die der deutscher Philosophen ein, während Westphalen, eine mehr romantische Natur, ihn mit seinen Lieblingsdichtern vertraut machte. So konnte es nicht fehlen, dass Karl schon auf dem Gymnasium durch seine umfassenden Literaturkenntnisse Aufsehen erregte. Aber weit entfernt davon, sich darauf etwas einzubilden, blieb er der lustige Junge, der nur zu gern allerlei Unfug verübte. Besonders liebte er es, seinen scharfen Witz an seinen Kollegen und Lehrern auszulassen. Da er aber andererseits gutmütig und hilfsbereit war, so blieb er doch der allgemeine Liebling. So ausgeprägt war schon in seiner Knabenzeit sein Drang, zu helfen, dass sein Vater ihm vorhersagte, er sei dazu bestimmt, der Menschheit zu dienen. Und seine Mutter, die mir Stolz die glänzende Entwicklung des aufgeweckten, feurigen und hübschen Knaben verfolgte, nannte ihn bewundernd ihr Glückskind.

Siebzehnjährig machte er Matura, und sein Abgangszeugnis schließt mit dem Satz:

> »Die unterzeichnete Prüfungskommission hat ihm demnach, da er jetzt das hiesige Gymnasium verlässt, um Jurisprudenz (Rechtswissenschaft) zu studieren, das Zeugnis der Reife erteilt und entlässt ihn, indem sie die Hoffnung hegt, dass er der günstigen Erwartungen, wozu seine Veranlagungen berechtigen, entsprechen werde.«

Im Oktober 1835 geht der junge Marx an die Universität in Bonn zum Studium der Rechtswissenschaft und bleibt dort ein Jahr. Eine glückliche Zeit war das nicht für ihn. Nicht nur, weil er zum ersten Male vom Elternhaus getrennt war, nein, weil der frühreife Jüngling sein ganzes Herz bei seiner Jugendgespielin Jenny zurückgelassen hatte.

Die Kinderfreundschaft hatte sich unversehens bei den beiden zu einer leidenschaftlichen Liebe entwickelt. Es ist ein Beweis für die überragende geistige Höhe des Siebzehnjährigen, dass die um vier Jahre ältere, gefeierte Schönheit, die sehr umworbene Tochter des höchsten Regierungsbeamten von Trier, nie, auch nur einen Augenblick, in ihrer Liebe zu dem Jugendgenossen wankend wurde und ihm unverbrüchlich die Treue hielt. Ehe Karl im Herbst 1836 die Berliner Universität bezog, verlobten die beiden sich heimlich. Als Marx aber von diesem Geheimnis sich zu schwer bedrückt fühlte, so willigte Jenny ein, dass er von Berlin aus seinen Eltern davon Mitteilung mache.

In diese Berliner Zeit, die ebenfalls eine sehr traurige, durch quälende Sehnsucht nach der Braut und nach dem Vater getrübte war, fallen die dichterischen Versuche von Marx, die jedoch literarisch unbedeutend sind und durch ihre Kindlichkeit in späteren Zeiten eine Quelle der Heiterkeit für die Familie Marx bildeten. Von diesen in Form und Inhalt unreifen Phantasieprodukten stechen die aus derselben Zeit stammenden Briefe an seinen Vater und an Berliner Kollegen durch ihren Ernst und ihre Reife merkwürdig ab. Marx' Fleiß war ungeheuer. Ganze Nächte arbeitete er durch. Ein Brief vom 10. November 1837 schließt mit folgenden Zeilen:

> »Verzeihe, teurer Vater, die unleserliche Schrift und den schlechten Stil; es ist beinahe 4 Uhr, die Kerze ist gänzlich abgebrannt und die Augen trüb; eine wahre Unruhe hat sich meiner bemeistert, ich werde nicht eher die aufgeregten Gespenster besänftigen können, bis ich in Eurer lieben Nähe bin.«

Ostern 1838 nahm diese bittere Zeit ein Ende. Marx durfte heim zu der geliebten Braut und den hart entbehrten Eltern. Er kam zur rechten Zeit, um mit dem schwerkranken Vater noch einige Wochen zu verleben. Am 10. Mai 1838 stand der Zwanzigjährige an des Vaters Totenbett.

Marx setzt seine Studien in Berlin fort, er findet dort in einem Kreis von Studiengenossen viel Anregung und schließt Freundschaft mit einigen von ihnen. Seelisch scheint er in diesen Jahren nicht mehr so bedrückt gewesen zu wie zu Anfang seiner Studienzeit. Sein rheinischer Humor half ihm über vieles hinweg.

Welchen Eindruck seine Persönlichkeit auf die Kollegen machte, geht aus einem Brief vom 1. September 1841 hervor, den der damals 29 Jahre alte Moses Heß an den später zur Berühmtheit gelangten Schriftsteller Berthold Auerbach schrieb:

> »Doktor Marx, so heißt mein Abgott, ist noch ein ganz junger Mann (etwa 24 Jahre höchstens alt), der der mittelalterlichen Religion und Politik den

letzten Stoß versetzen wird; er verbindet mit dem tiefsten philosophischen Ernst den schneidendsten Witz, denke Dir Rousseau, Voltaire, Holbach, Lessing, Heine und Hegel in einer Person vereinigt, nicht zusammengeschmissen, so hast Du Dr. Marx.«

Am 15. April 1841 wurde Marx an der Jenaer Universität auf Grund seiner am 6. April eingereichten Doktorarbeit über »Die Differenz der demokritischen und epikuräischen Naturphilosophie« zum Doktor der Philosophie promoviert. Im März 1842 verliert er den, der ihm ein zweiter Vater geworden war, Ludwig von Westphalen.

Im April desselben Jahres übersiedelt er nach Köln, wird dort Mitarbeiter und im Oktober Chefredakteur der ***Rheinischen Zeitung***. In diese Zeit fällt seine erste Bekanntschaft mit Friedrich Engels, der ihn in Köln aufsuchte, und den er anfänglich sehr kühl empfing, nicht ahnend, dass sich an diesen Besuch eine Freundschaft knüpfen sollte, die bis ans Lebensende dauern würde und die an Innigkeit in der deutschen Geistesgeschichte kaum ihresgleichen hat.

Aus dem Jahre 1842 stammt ein Gedicht, das Friedrich Engels und Bruno Bauer, damals ein Intimus von Marx, zu Verfassern hat. Wir entnehmen es einem demnächst im »Bücherkreis« erscheinenden Buch: **Karl und Jenny Marx** von Nikolajewsky und Mänchen-Helfen und geben es hier wieder:

»Wer jaget hinterdrein mit wildem Ungestüm?
Ein schwarzer Kerl aus Trier, ein markhaft Ungetüm.
Er gehet, hüpfet nicht, er springet auf den Hacken
Und raset voller Wut und gleich, als wollt er packen
Das weite Himmelszelt und zu der Erde ziehn,
Streckt er die Arme sein weit in die Lüfte hin.
Geballt die böse Faust, so tobt er sonder Rasten.
Als wenn ihn bei dem Schopf zehntausend Teufel fassten.«

Da der ***Rheinischen Zeitung***, die unausgesetzt von der Zensurbehörde schikaniert wird, für den 1. April 1843 das endgültige Verbot des Erscheinens angedroht wird, so tritt Marx am 18. März aus der Redaktion aus und beschließt, Deutschland zu verlassen und nach Paris zu ziehen, wo er im Verein mit seinem Freund und damaligen engen Gesinnungsgenossen Arnold Ruge ein neues Organ begründen will.

Im Juni 1843 heiratet er seine geliebte Jenny und übersiedelt im November mit ihr nach Paris, wo er fünf Vierteljahre bleibt. Dort tritt er in nahe Verbindung mit verschiedenen bedeutenden Persönlichkeiten, unter anderen mit dem großer Dichter Heinrich Heine, der bald täglicher Besucher des Marxschen Hauses wird, gleichermaßen angezogen von dem großen Geist Karls wie von dem bezaubernden Wesen Jennys. Heine hielt so viel von den Ehepaar Marx, dass er nicht wenige seiner Gedichte mit ihnen durcharbeitete und mit deren Hilfe ihnen den letzten Schliff gab. Wenn der empfindliche Poet durch hämische Kritiken sich oft bis zu Tränen verletzt fühlte, so trösteten ihn die beiden. Heine hatte dabei Gelegenheit, jenen Marx kennenzulernen, der sich nur seinen allerbesten Freunden offenbarte. Er nannte Marx »den gütigsten, zartfühlendsten und liebenswertesten Mann, den er je gekannt habe«. In seinem Urteil über Poeten war nämlich Marx, vielleicht eingedenk seiner früheren eigenen poetischen Neigungen, gegen seine sonstige Gewohnheit sehr milde und tolerant. Wenn über Heine zum Beispiel bittere Urteile gefällt wurden, so verteidigte er ihn warm:

> »Dichter seien sonderbare Käuze, die man ihre Wege wandeln lassen müsse. Man dürfe sie nicht mit dem Maßstab gewöhnlicher oder selbst ungewöhnlicher Menschen messen.«

Zu Beginn des Jahres 1845 aus Paris ausgewiesen, zog Marx nun nach Brüssel. Doch kam er noch mehrmals nach Paris in den Jahren 1848 und 1849 und nahm sogleich den Verkehr mit dem schon todkranken Heine wieder auf. Er erwies ihm tatkräftig seine Sympathie und trat mutig für ihn ein, als der Dichter das Objekt niedrigster Angriffe von Seiten gewisser deutscher Patrioten wurde, deren Nachfahren ja noch heute Heines Andenken in den Schmutz zu ziehen lieben. Heine hat es ihm in seiner »retrospektiven Aufklärung« (1854) warm gedankt.

Marx und Engels

Die Freundschaft zwischen Marx und Engels hatte sich inzwischen sehr befestigt. Schon Anfang des Jahres 1845 begann de vermögende Engels den jetzt immer im Exil lebenden und mit materieller Not kämpfenden Marx pekuniär zu unterstützen. In der selbstverständlichen Art, wie Engels sie anbot und wie Marx diese Unterstützung entgegennahm, zeigt sich die Charaktergröße der beiden. Nicht als persönliche Gaben wurden diese finanziellen Dinge behandelt, sondern als notwendige Kampfhandlungen für die gemeinsame Sache und gegen die damals wütende Reaktion, die Marx zur Strecke bringen wollte. In einem Brief vom 22. Februar 1845, in welchem er eine größere Geldsendung ankündigt, schreibt Engels an Marx nach Brüssel:

> »Die Hunde sollen wenigstens das Pläsier nicht haben, Dich in pekuniäre Verlegenheit zu bringen. … Ich fürchte aber, man wird Dich am Ende in Belgien auch molestieren, so dass Dir zuletzt nur England übrigbleibt. Doch kein Wort weiter von der ganzen niederträchtigen Geschichte.«

Im Sommer 1845 betritt Marx in Begleitung von Engels zum ersten Male englischen Boden. In Manchester schwelgt er, der stets ein unersättlicher Leser war, in der schönen Bibliothek des Freundes und in städtischen und öffentlichen Bibliotheken. Noch Jahre später erzählte Engels:

»Marx hat sich (an den Büchern. L. K.) vollgestopft wie ein Vielfraß.«

In Brüssel war es, wo ihn ein russischer Publizist, namens Annenkow, im Jahre 1847 aufsuchte, versehen mit der Empfehlung eines russischen Gutsbesitzers, der mit Marx einmal verkehrt hatte und ihm ein schwärmerisches Andenken bewahrte. Über diesen Besuch veröffentlichte Annenkow einen hochinteressanten Bericht in der angesehenen russischen Revue ***Wjestnik Jewropy*** (Der europäische Bote), dem wir eine zuverlässige Schilderung der äußeren Erscheinung von Marx in dieser Zeit entnehmen:

»Marx stellte den Typus eines Menschen dar, der aus Energie, Willenskraft und unbeugsamer Überzeugung zusammengesetzt ist, ein Typus, der auch der Erscheinung nach höchst merkwürdig war. Eine dichte schwarze Mähne auf dem Kopf, die Hände mit Haaren bedeckt, den Rock schief zugeknöpft, hatte er dennoch das Aussehen eines Mannes, der das Recht und die Macht hat, Achtung zu fordern, wenn sein Aussehen und sein Tun auch seltsam genug erscheinen mochten. Seine Bewegungen waren eckig, aber kühn und selbstgewiss; seine Manieren liefen geradezu allen gesellschaftlichen Umgangsformen zuwider. Aber sie waren stolz, mit einem Anflug von Verachtung, und seine scharfe Stimme, die wie Metall klang, stimmte merkwürdig überein mit den radikalen Urteilen über Menschen und Dinge, die er fällte.

Er sprach nicht anders, als in imperativen, keinen Widerspruch duldenden Worten, die übrigens durch einen mich fast schmerzlich berührenden Ton, welcher alles, was er sprach, durchdrang, verschärft wurden. Dieser Ton drückte die feste Überzeugung von seiner Mission aus, die Geister zu beherrschen und ihnen Gesetze vorzuschreiben. Vor mir stand die Verkörperung eines demokratischen Diktators, wie sie auf Momente der Phantasie vorschweben mochte.«

Annenkow berichtet dann über die leidenschaftliche Diskussion, die Marx in seinem Beisein mit dem proletarischen Utopisten Weitling ausfocht und die damit endete, dass Marx in voller Wut mit der Faust auf den Tisch schlug und aufspringend ausrief:

»Niemals hat die Unwissenheit jemand genützt!«

Wir haben also hier ein verbürgtes Zeugnis dafür, wie der dreißigjährige Marx aussah und wie er auf seine Besucher wirkte. Auch in Brüssel war seines Bleibens nicht. Noch einmal kehrte er nach Paris zurück, aber schon nach einem Monat wurde ihm bei sonstiger Androhung der Gefangennahme die Ausweisung überstellt. So blieb nur London, wohin er sich Ende Juni 1849 begab.

Im Jahre 1856 lernte ihn der in London lebende Schneider Friedrich Leßner persönlich kennen. Ihm verdanken wir ebenfalls eine wertvolle Beschreibung des Marxschen Hauses und seines Oberhauptes. So verlockend es wäre, Leßner selbst ausführlich zu Worte kommen zu lassen, so muss ich mich aus Raumgründen darauf beschränken, nur einige Sätze aus seinen liebenswürdigen und treuherzigen Erinnerungen zu zitieren. Er sagt:

> »Marx war, wie alle wahrhaft großen Männer, durchaus frei von Dünkel und schätzte jedes ehrliche Streben und jede auf selbständiges Denken begründete Meinung. Wie schon erwähnt, war er stets begierig, die Meinung des einfachsten Arbeiters über die Arbeiterbewegung zu hören. So kam er oft nachmittags zu mir, holte mich zu einem Spaziergang ab und sprach alsdann über alles mögliche mit mir. Ich ließ ihm natürlich so viel als möglich das Wort, da es ein wahrer Genuss war, seiner Gedankenentwicklung und Plauderei zuzuhören. … Überhaupt war er ein ausgezeichneter Gesellschafter, welcher einen jeden, der mit ihm in Berührung kam, aufs Äußerste anzog, und man möchte fast sagen, bezauberte. Sein Humor war unverwüstlich, sein Lachen ein überaus herzliches. Gelang es unseren

Parteigenossen, in irgendeinem Lande einen Sieg zu erfechten, dann gab er seiner Freude auf die ungebundenste Weise und in lautem Jubel Ausdruck, wobei er seine ganze Umgebung mit sich fortriss.«

Leßner schreibt unter anderem noch folgenden, für Marx charakteristischen Zug:

»Marx war ein leidenschaftlicher Raucher gewesen, und er glaubte ein ganz ungewöhnliches Opfer zu bringen, als er das Rauchen aufgab. Als ich ihn das erste Mal nach jenem Verbot besuchte, war er nicht wenig stolz und vergnügt, mir mitteilen zu können, dass er bereits seit soundso vielen Tagen nicht geraucht habe und es auch nicht tun würde, bis der Arzt ihm die Erlaubnis dazu wieder erteilte. Und jedes Mal, wenn ich nach jenem Verbot wieder zu ihm kam, erklärte er mir immer, seit wie vielen Tagen und Wochen er das Rauchen bereits eingestellt und dass er die ganze Zeit über auch kein einziges Mal geraucht habe. Es schien ihm selbst unglaublich vorzukommen, dass er dies fertiggebracht habe.« Liegt nicht in dieser Freude an seiner Selbstüberwindung ein rührender, kindliche Zug? Überhaupt bewahrte sich Marx bis an sein Lebensende eine Kindlichkeit, die an da Nietzsche-Wort gemahnt: »Im rechten Mann ist ein Kind versteckt, das will spielen.«

Seine jüngste Tochter Eleanor, genannt »Tussy«, erzählt:

»Ich erinnere mich, wie ich beiläufig drei Jahre alt war (also etwa 1860 L. K.) und »Mohr« (Spitzname vor Marx) mich auf seiner Achsel um unseren Garten herumtrug und mir Windlingsblüten in meine braunen Locken steckte. Auf einer Schulter sitzend, die Hände in seine dichte Mähne vergraben, die damals noch schwarz war mit einem Stich ins Graue, galoppierte ich am liebsten in unserem kleinen Garten herum und über die Felder, die damals noch nicht verbaut waren.«

In allen Berichten, die über ihn erhalten sind, wird seine leidenschaftliche Liebe zu Kindern hervorgehoben, nicht nur zu seinen eigenen, denen er der zärtlichste Vater war, sondern auch zu fremden, die ihn auf der Straße umringten, weil er nie ausging, ohne in seiner Tasche Süßigkeiten für das kleine Volk zu haben. So berichtet »Tussy« weiter:

> »Einmal erinnere ich mich, hielt ein wildfremder zehnjähriger Knabe ohne weiteres den »Chef der Internationale« in Maitland Park an und sagte zu ihm: »Swop Knives«. Nachdem er Mohr erklärt hatte, dass »swop« in der Schuljungensprache »tauschen« heiße, holten beide ihre Messer heraus und verglichen sie. Das Messer des Jungen hatte nur eine Klinge, Marxens zwei, diese aber waren fürchterlich stumpf. Nach einigem Hin und Her wurde der Handel abgeschlossen, die Messer getauscht, und der »gefürchtete Chef der Internationale« gab einen Penny drauf, weil sein Messer gar so stumpf war.«

Paul Lafargue, der im Februar 1865 als Abgesandter der französischen Anhänger der neugegründeten Internationale nach London zu Marx kam, erzählt in seinen Erinnerungen:

> »Er war ein zärtlicher, sanfter und nachsichtiger Vater. ›Die Kinder müssen die Eltern erziehen‹, pflegte er zu sagen. Nie hat sich in dem Verhältnis zwischen ihm und seinen Töchtern, die ihn sehr liebten, auch nur ein Schatten väterlicher Autorität geltend gemacht. ... Seine Töchter betrachteten ihn als ihren Freund und gingen mit ihm, wie mit einem Kameraden um; sie nannten ihn nicht Vater, sondern ›Mohr‹, ein Spitzname, den er wegen seines brünetten Teints und seines ebenholzschwarzen Haupt- und Barthaares erhalten. ... Er brachte stundenlang damit zu, mit seinen Kindern zu spielen. ... Sonntags ließen seine Töchter nicht zu, dass er arbeitete, er gehörte ihnen dann für den ganzen Tag. Bei schönem Wetter brach

> die Familie zu einem langen Spaziergang über Land auf, unterwegs ward in einfachen Schenken haltgemacht, um Ingwerbier zu trinken und Brot mit Käse zu verspeisen. ...«

Paul Lafargue, der später Laura, die zweite Tochter von Marx heiratete, hat unauslöschliche Eindrücke von dessen Persönlichkeit behalten und wurde nie müde, davon zu erzählen, wie sie auf ihn gewirkt habe, ich habe auch aus seinem eigenen Mund so manches darüber hören dürfen. Noch ein anderer konnte mir aus langem, engem Zusammensein mit Marx Genaues und Intimes über ihn berichten – Wilhelm Liebknecht, der aus einem Gefängnis der »Freien Schweiz« kommend, mit Zwangspass durch Frankreich befördert, im Jahre 1850 in London eintraf, wo er sich bis zu Beginn des Jahres 1862 aufhielt. Er verkehrte fast täglich, und jahrelang fast den ganzen Tag, im Hause Marx', so dass er ein Stück der Familie wurde. Seine ersten Eindrücke von Marx beschreibt er in seinem Lebensabriss, ganz ähnlich wie die hier bereits zitierten Schilderer. Er fügt jedoch gleich hinzu:

> »Marx Frau hat auf meine Entwicklung vielleicht einen ebenso starken Einfluss gehabt, wie er selbst. Meine Mutter starb, als ich drei Jahre alt war; ich hatte eine etwas harte Erziehung. An ernsten Umgang mit Frauen war ich nicht gewöhnt. Hier fand ich nun eine schöne, hochsinnige, geistvolle Frau, die sich des freundlosen, an den Themsestrand verschlagenen Freischärlers halb mütterlich, halb schwesterlich annahm. Der Verkehr in dieser Familie hat mich – das glaube ich fest – vor dem Untergang im Flüchtlingselend gerettet.«

Über die Frau und die drei Töchter von Marx hier zu schreiben, muss ich mir leider versagen, obzwar er so mit ihnen verwachsen war, dass er sie wie Glieder seines eigenen Körpers empfand, und dass Engels nach dem Tode von Frau Marx schreiben konnte »der Mohr ist auch gestorben«. Marx selbst schreibt drei Monate nach ihrem Tod an Engels aus Algier, wohin er wegen schwerer Krankheit von den Ärzten geschickt wurde:

> »Beiläufig, Du weißt, dass wenige Leute demonstrativem Pathos abgeneigter sind als ich, aber es würde eine Lüge sein, zu leugnen, dass meine Gedanken zum größten Teil in Anspruch genommen werden durch die Erinnerung an mein Weib, solch ein Stück von dem besten Teil meines Lebens.«

Was hat aber auch diese Frau an Not und Elend gemeinsam mit dem über alles geliebten Mann durchzumachen gehabt! Denn dieser Geistesriese hat mit Ausnahme seiner letzten Lebensjahre stets einen erbärmlichen Kampf um des Lebens bare Notdurft führen müssen: »Bestürmt, zerfleischt, benagt von dem Flüchtlingselend und vom wütendsten Hass gewissenloser, vor keiner Verleumdung zurückschreckender Feinde« wie Wilhelm Liebknecht es darstellt. Und dieses Flüchtlingselend in seiner schärfsten Form hat Marx mit Frau und Kindern jahrelang ertragen müssen. Nichts aber vermochte den starken Mann und die tapfere Frau zu beugen und selbst in den schlimmsten Zeiten retteten sie sich oft in befreiendes Lachen, dem englischen Wahlspruch huldigend, »ein kurzes Leben, aber ein lustiges«.

Hören wir zum Schlusse noch, wie seine jüngste Tochter Eleanor, genannt Tussy, gelegentlich einer gemeinsamen Reise nach Karlsbad über ihren Vater schreibt:

> »Als Reisegefährte war Mohr entzückend. Immer bei gutem Humor, war er stets bereit, sich an allem zu erfreuen, an einer schönen Landschaft, wie an einem Glas Bier. Und mit seinen umfassenden Geschichtskenntnissen machte er jeden Ort, wohin wir kamen, noch lebendiger, noch gegenwärtiger in der Vergangenheit als selbst in der Gegenwart.«

Leider halfen weder Karlsbader Kuren noch Reisen dem durch jahrelange Entbehrungen, Verfolgungen und vor allem durch Überarbeitung zerrütteten Organismus. Am 14. März 1883 schloss Marx seine Augen für immer. Seine jüngste Tochter und der treue Hausgeist Lenchen, hatten voll Angst Engels herbeigerufen, weil Marx sich sehr schlecht fühlte. Als Engels das Arbeitszimmer des Freundes betrat, fand er ihn in seinem Lehnstuhl vornübergesunken, mit einem Lächeln auf den Lippen – tot.

Am 17. März wurde, was sterblich an ihm war, auf dem Friedhof zu Highgate begraben. Engels hielt ihm die Grabrede, die in die Worte ausklang:

> »Er ist gestorben, verehrt, geliebt, betrauert von Millionen revolutionärer Mitarbeiter, die von den sibirischen Bergwerken an über ganz Europa und Amerika bis Kalifornien hin wohnen. ... Sein Name wird durch die Jahrhunderte fortleben und so auch sein Werk!«

Hermann Müller

(1876 – 1931)

Quelle: »Ein letzter Gruß. Dem Freunde Hermann Müller«, in: ***Vorwärts (Abendausgabe)***, 48 (1931), 2. April 1931, Beilage.

Wien, 26. März 1931,

am Tage, wo man unseren Genossen Müller zu Grabe trägt.

Lieber Freund Stampfer!

Es drängt mich, unserem Beileidstelegramm, das nur so wenig die Fülle unserer Empfindungen für den so früh dahingegangenen Freund Hermann Müller zum Ausdruck brachte, noch einige Zeilen folgen zu lassen. Nur dem widrigen Umstand, dass Karl seit nun zwei Wochen hoch fiebernd an einer starken Bronchitis ans Bett gefesselt ist, war es geschuldet, dass er nicht selbst schrieb, um der Freundschaft und der hohen Achtung Worte zu verleihen, die er stets für Hermann Müller gehegt hat. Nur mit äußerstem Widerstreben gab er seine Einwilligung zur Absendung unserer kurzen, viel zu wenig besagenden telegrafischen Teilnahmsbezeigung. Mit heißer Angst haben wir den Verlauf der tödlichen Krankheit Müllers verfolgt. Alltäglich klingelte ich noch spät abends bei Genossen Austerlitz in der ***Arbeiter-Zeitung*** an, um die letzten Nachrichten über sein Befinden zu erfragen und tiefe Trauer erfüllte uns über die immer hoffnungs- und trostloser lautenden Auskünfte.

Jetzt, wo das Unabwendbare eingetreten und unser Freund und Genosse in der Blüte seiner Mannesjahre aus dem Leben und aus seiner Tätigkeit gerissen ist, an denen er mit allen seinen Fasern hing und um die sein starker Wille monatelang einen so zähen und leider vergeblichen Kampf führte, zeigt uns die Größe unseres Schmerzes, was er uns war und wie sehr wir ihn liebten. Besaß er doch neben seinen vielen glänzenden, vor aller Augen zutage tretenden Gaben, die ihn seit seiner Jünglingszeit befähigten, im Dienste der Arbeiterklasse und in der Partei an hervorragender Stelle und später zum Wohle Deutschlands und der ganzen Welt zu wirken, noch eine Eigenschaft, die ihn gerade uns besonders wert machte und die im Hause des Theoretikers ihm besondere Schätzung sicherte: Er liebte die Bücher, war stets ein eifriger, ja, hungriger Leser, auf historischem und nationalökonomischem Gebiet voll beschlagen, war stolz auf seine reiche, erlesene Bibliothek, in deren Bänden er so zu Hause war, wie selten einer, dessen Zeit mit dringender Tagesarbeit so ausgefüllt war; er war selbst ein guter, gewandter, ungemein gewissenhafter Schriftsteller und brachte der Wissenschaft und ihren Vertretern jenes tiefe Interesse und jene Achtung entgegen, die wohltuend abstach von der oft ans Verächtliche streifenden Gleichgültigkeit, mit der heute noch manche Nur-Politiker selbst in unseren eigenen Reihen die Theoretiker betrachten. Darum war jedes Beisammensein mit ihm für uns eine doppelte Freude und es war ein Fest, wenn wir ihn als Gast begrüßen durften, was in den letzten Jahren einige Male der Fall war. Und auch er, das dürfen wir wohl behaupten, brachte uns eine über die parteigenössische Zugehörigkeit hinausgehende Anhänglichkeit und Zuneigung entgegen.

Selbst als noch die unselige Spaltung in der deutschen Partei bestand, die weit über ihr parteipolitisches Unglück hinaus als schwerstes, persönliches Seelenleid von meinem Mann und mir empfunden wurde, fanden wir, die USPD-Vertreter, bei dem Mehrheitler Hermann Müller Sympathie und freundliches Entgegenkommen. Ich denke da an jene Unterredungen, die wir mit ihm in seiner Eigenschaft als Außenminister wegen der Aktenpublikationen zu führen hatten. Diese Herausgabe war ursprünglich vom Rat der Volksbeauftragten meinem Mann übertragen worden und nach dem Austritt der USPD aus der Regierung war der Auftrag von den verbleibenden Volksbeauftragten bestätigt worden. Nach dem Rücktritt von Brockdorff-Rantzau hatte Hermann Müller über deren Veröffentlichung zu befinden. Wie stets benahm er sich auch bei diesem Anlass freundschaftlich und meinem Mann gegenüber respektvoll, wie der Schüler gegen einen verehrten Lehrer.

Auch einer anderen Episode möchte ich gedenken. Es war auf der Berner Konferenz im Januar 1919, wo wir nach der Spaltung zum ersten Male wieder mit Müller und Wels uns in einem Raum wiederfanden. Kam es auch dort zu keiner Aussprache zwischen uns, so begrüßten wir uns doch nicht als Fremde oder gar als Gegner. Sowohl Müller als Wels haben es mir gegenüber öfter betont, wie wohl ihnen damals in der für sie im Allgemeinen feindseligen Atmosphäre meine freundlichen Blicke getan hätten. Über Müllers Aussehen war ich übrigens damals direkt entsetzt. Wie sah der starke Mann aus! Was hatten Krieg und Blockade aus ihm gemacht! Die Kleider schlotterten ihm um den Leib, so abgemagert war er. Er habe in jener Zeit um 40 Kilo abgenommen, erzählte er mir später einmal. In den der Einigung folgenden Jahren gestaltete sich unser Verhältnis immer wärmer. Zu meinem 60. Geburtstag, am 11. August 1924, schrieb mir Müller eigenhändig im Namen des Parteivorstandes und gratulierte mir in besonders herzlicher Weise. Ebenso schrieb er im Oktober desselben Jahres meinem Mann anlässlich seines 70. Geburtstages in der gleichen herzlichen Weise. Auch nach unserer Übersiedlung nach Wien rissen die Fäden nicht ab. Bei meinen häufigen Besuchen in Berlin war ich regelmäßig zu Gast im Müllerschen Hause; oft hatte ich das Gefühl, als bedeute unser Verkehr eine Art »Wiedergutmachung« für all das, was wir in den vergangenen Jahren leider einander schuldig geblieben waren.

Mit Hermann Müller zu plaudern, war ein Genuss. Das Gespräch stockte keinen Augenblick und war stets reizvoll und anregend. Reminiszenzen aus dem Parteileben, witzige Anekdoten über gemeinsame Bekannte wechselten mit ernsten Themen. Freimütig äußerte er sich auch während seiner Kanzlerschaften über die jeweiligen Schwierigkeiten des politischen Kampfes und über viele aktuelle Fragen. Und einen nie versiegenden Gesprächsstoff boten uns leidenschaftlichen Lesern immer wieder die Bücher, die Bücher. Als ich im Januar 1930, das Jahr nach seiner schweren Operation, im Familienkreis bei ihm weilte, sagte er:

> »Ein Gutes hat mir meine Krankheit gebracht, sie hat mir die Zeit verschafft, wieder einmal ordentlich lesen können, wozu sonst unsereiner gar nicht mehr recht kommt. Und auch jetzt, wo ich auf ärztliche Anordnung täglich nach Tisch unbedingt zwei Stunden ruhen muss, komme ich endlich wieder zum Lesen.«

Im November 1930 war Müller dann unser lieber Gast. Er war nach Wien gekommen, um unseren österreichischen Genossen in ihrem schweren Wahlkampf zu helfen. Nachdem er eine ganze Anzahl von Versammlungen in Wien und in der Provinz abgehalten hatte, in denen er überall stürmisch bejubelt worden war, kam er frisch und vergnügt am Wahlsonntag mittags zu uns und blieb lebhaft wie immer erzählend und plaudernd bis zum späten Nachmittag. Abends trafen wir uns dann im Rathaus, um die Wahlresultate zu erfahren.

Dann nahm er Abschied, um noch mit dem Nachtzug nach Berlin zurückzufahren. Wir ahnten nicht, dass es einen Abschied für immer bedeute, dass es das letzte Mal gewesen sein sollte, dass wir ihn gesehen und uns an seinem prächtigen Wesen erfreut hatten. Wie immer, hinterließ er auch damals bei uns allen einen wohltuenden, angenehmen Eindruck.

Wenigen Menschen war solch innere Harmonie beschieden wie ihm, darum verstand er es auch, eine wohlige Atmosphäre um sich zu schaffen. Auf ihn passte voll und ganz das Nietzsche-Wort: »Im rechten Manne ist ein Kind versteckt«, denn ihm eignete neben allen seinen hohen sittlichen Gaben, seinem Pflichtgefühl, seinem Arbeitseifer, auch echte Lebensfreude, heiterster Optimismus, größte Genussfähigkeit. Und darum haben wir ihn nicht nur bewundert, geschätzt und verehrt, sondern von Herzen lieb gehabt wie einen Bruder und, fast möchte ich für meine Person sagen, wie einen teuren Sohn. Und das verschärft noch unsere Trauer über seinen frühen Hingang und lässt uns seinen Verlust noch herber und bitterer empfinden.

Es begrüßt Sie in herzlicher Freundschaft

Ihre Luise Kautsky.

Russische Sozialisten

Quelle: Auszüge aus: »Begegnungen«, in: ***Das Jahr. Das Arbeiterjahrbuch***, 58 (1929), S. 41–56.

Paul Axelrod (1850 - 1928)

Sein Haus in Zürich war der Sammelpunkt der dortigen großen russischen sozialistischen Kolonie. Zum ersten Male erfuhr ich dort am eigenen Leibe, was ich bisher nur aus der russischen Literatur gekannt hatte: echte russische Gastfreundschaft.

Hatten mir die beiden bis dahin in der deutschen Partei verlebten Jahre zwar schon gezeigt, wie eng die Bande sind, die Gesinnungsgemeinschaft zu schließen vermag, um wie viel fester sie kitten als Blutsverwandtschaft, so lernte ich im Hause Axelrod doch erst wahre Brüderlichkeit kennen. Dort war ich vom Moment meines Eintritts an »zu Hause«. Eine wohlige Atmosphäre von Güte und Wärme und vollstem Verstehen umgab mich, die um so harmonischer wirkte, als die politische Richtung Axelrods bis ins kleinste mit der des Hauses Kautsky und der von Karl redigierten Zeitschrift ***Die Neue Zeit*** übereinstimmte.

Mehr als ein Menschenalter hat die innige Freundschaft gedauert, die ich damals mit Paul Axelrod schloss.

Vor kurzem erst hat den fast 80-jährigen, der der Mitbegründer der russischen Sozialdemokratie war, der Tod hinweggerafft. Sein opfervolles Leben im Exil, die unerschütterliche Treue, mit der er an seinem Prinzip festhielt: »nicht nur alles für das Volk, sondern auch alles durch das Volk«, die Dienste, die er als unbestechlicher Kämpfer für die einmal als richtig erkannte Idee seinen geliebten russischen Brüdern und der Internationale geleistet, sichern ihm ein ehrenvolles Andenken in der ganzen sozialistischen Welt.

Maxim Gorki (1868 – 1936)

Zu Beginn des Jahres 1906 bat uns eines Abends Karl Liebknecht telefonisch zu sich: Es sei ein seltener Gast bei ihm, der Sehnsucht nach uns habe. Als wir, der dringenden Einladung Folge leistend, hingingen, trat uns ein hochgewachsener, breitschultriger Mann entgegen, mit ausgesprochen slawischen Gesichtszügen – wir stutzten – doch nur einen Augenblick, dann wussten wir, wen wir vor uns hatten: Maxim Gorki!

Seine Begrüßung bleibt mir unvergesslich. Er nahm erst meinen Mann, dann mich in seine Arme und küsste uns ab, während heiße Tränen seinen Augen entströmten, Tränen der Freude und des Glückes, endlich denjenigen kennenzulernen, »dem er so viel verdanke und den er als einen teuren Meister und Lehrer verehre«.

Da er nur Russisch sprach, so bedurfte er eines Dolmetschers, und als solcher stand ihm die anmutige Maria Andrejewa zur Seite, mit der er eben aus Amerika nach Europa zurückgekehrt war. Beide waren froh und glücklich in Berlin, wo sie sich von den unliebsamen Erfahrungen erholen wollten, die sie im »freien« Amerika gemacht hatten. Obzwar man sie anfangs enthusiastisch aufgenommen hatte, war die Stimmung von der Stunde an umgeschlagen, als ruchbar wurde, dass man in den beiden kein legitimes Ehepaar vor sich hatte.

Die heuchlerische Entrüstung gegen sie ging schließlich so weit, dass kein Hotel sie mehr zu beherbergen wagte, so dass sie lieber abreisten, als sich noch weiter derartigen Demütigungen auszusetzen.

Gorki verbrachte dann den größten Teil des Winters in Berlin und reiste etwa im Februar zur Herstellung seiner angegriffenen Gesundheit nach Capri, wo er alsbald einen auserlesenen Kreis seiner Landsleute um sich versammelte, um eine Schule des Sozialismus zu gründen, der aber nur eine kurze Lebensdauer beschieden war.

Lenin (1870 – 1924) und Trotzki (1879 – 1940)

Zwei Namen will ich aber jetzt nennen, die bestimmt jedermann aufhorchen machen und die wohl noch lange im Mittelpunkt des allgemeinen Interesses stehen dürften: Lenin und Trotzki. Während einer Krankheit meines Mannes korrespondierte ich an seiner Statt mit Lenin, der damals in Paris wohnte. Bald sollte ich ihn auch persönlich kennenlernen, denn er kam zu uns nach Berlin und ich war teils in unserm Hause, teils bei Rosa Luxemburg öfters mit ihm beisammen. Trotzdem er für mich damals eigentlich nichts anderes war, als einer von den vielen russischen Emigranten, die bei uns täglich aus- und eingingen und deren Typus mir daher im Allgemeinen wohl vertraut und lieb war, so bekam ich doch von Lenin augenblicklich einen ganz anders gearteten, mächtigen und nachhaltigen Eindruck. Während die Meisten dieser von Heimat und Scholle vertriebenen, und daher entwurzelten Existenzen etwas Gedrücktes, Unfreies, Unfrohes, ja Verbittertes hatten, so war bei ihm keine Spur von alldem zu entdecken. Er war voll selbstbewusster Willenskraft, im Gespräch lebendig und aggressiv, in der Diskussion unermüdlich und unerbittlich – kurz, es war, als ob förmliche Wellen von Energie von ihm ausströmten. Nach wenigen Minuten des Beisammenseins mit ihm hatte man das Gefühl: Das ist ein ganzer Kerl! Es war, als wittere man eine ungebändigte Urkraft hinter dieser kantigen Stirn, in diesem massigen Schädel. Und dass dieses Gefühl nicht trog, das hat seither die Weltgeschichte bestätigt.

Ganz anders malt sich in meiner Erinnerung das Bild Trotzkis, der zeitweise ein sehr häufiger Besucher bei uns war. Er hatte die immer liebenswürdigen, geschmeidigen Manieren des distinguierten Literaten. Nichts von Lenins tatarischem Aussehen, nein, ein kultivierter »Westler« von tadellosen Formen und erstaunlicher literarischer Vielseitigkeit. Wie groß seine Vielseitigkeit, hat er später bewiesen, wo er, der Mann der Feder, plötzlich auch das Schwert zu dirigieren verstand. So verschieden das Äußere und das Wesen der beiden, so verschieden sind ihre Schriftzüge.

Georgi Plechanow (1856 – 1918)

Ein unvergessliches Erlebnis bildet für mich das erste Beisammensein mit Georgi Plechanow, dem Mitbegründer und theoretischen Haupt der russischen Sozialdemokratie.

Der schlanke, hochgewachsene Mann hatte äußerlich nichts vom typischen Russen an sich, sondern wirkte ganz wie ein eleganter Franzose. Und so wie diese verstand er es auch, Konversation zu machen. Aber war auch die Form seiner Gespräche leicht und graziös, so war doch ihr Inhalt stets gehaltvoll und wissenschaftlich ernst. Er war ein glänzender Dialektiker und ein geschulter Marxist. Er war der erste, der die Methode der materialistischen Geschichtsauffassung auf dem Gebiete der Kunstgeschichte mit Geist und Glück anwandte. Mir ward der seltene Genuss zuteil, unter seiner kundigen Führung die Gemäldegalerie des Friedrich-Museums in Berlin zu besuchen.

Julius Martow (1873 - 1923)

Abschließend will ich noch desjenigen russischen Emigranten gedenken, der von all den Vielen, die meinen Weg kreuzten, fast den tiefsten und zugleich erschütterndsten Eindruck bei mir hinterließ: Julius Martow.

Was sein Schicksal in meinen Augen so besonders tragisch gestaltete, war der Umstand, dass er, der zum Führer Befähigte, ja Geborene, der schon den erbittertsten zaristischen Verfolgungen preisgegeben war, nun auch von den einstigen engeren Kampfgefährten an jeder politischen Tätigkeit im eigenen geliebten Heimatland gehindert wurde, nachdem die Konstituante auseinandergejagt und jeder Versuch, die Demokratie zu propagieren, durch blutigen Terror vereitelt worden, musste Martow nochmals das bittere Brot des Exils essen. Doch auch in der Verbannung kämpfte er mutig und unermüdlich weiter für den Gedanken der proletarischen Demokratie. Aber so stark sein Geist war, so schwach war sein armer Körper: Noch verhältnismäßig jung an Jahren, im Vollbesitz seiner geistigen Kräfte brach er zusammen, der ein gehetztes Wild unter der zaristischen wie unter der bolschewistischen Herrschaft gewesen.

Allein auch der Tod hat ihm den mutigen Glauben an seine Idee nicht zu rauben vermocht und an dem endgültigen Sieg seiner Sache hat er ebensowenig einen Augenblick gezweifelt wie all die andern tapfern Kämpfer, von denen ich in diesen Blättern berichtete.

VERLAGSINFORMATION

Luise Kautsky – Gesammelte Schriften

Luise Kautskys Bücher sind heute längst vergriffen und ihre Zeitungsartikel finden sich nur verteilt über verschiedene Bibliotheken. Die als Leseausgabe konzipierte Reihe GESAMMELTE SCHRIFTEN soll Luise Kautskys Texte erneut der interessierten Öffentlichkeit zugänglich machen.

Bisher erschienen in der vom heptagon Verlag herausgegebenen Reihe folgende Bände:

Band 1: Luise Kautsky: **Rosa Luxemburg – Ein Gedenkbuch**
E-Book-ISBN: 978-3-934616-02-8
Print-ISBN: 978-3-96024-000-6

Band 2: Luise Kautsky: **Starke Frauen – 15 Porträts von Jenny Marx bis Rosa Luxemburg**
E-Book-ISBN: 978-3-934616-03-5
Print-ISBN: 978-3-934616-04-2

Band 3: Luise Kautsky: **Kluge Männer – Gedanken über führende Köpfe der sozialistischen Bewegung**
E-Book-ISBN: 978-3-96024-001-3
Print-ISBN: 978-3-96024-002-0

Band 4: Luise Kautsky: **Schulverpflegung in Europa**
E-Book-ISBN: 978-3-934616-05-9

Weitere Bände sind geplant.

Download der E-Books unter: www.heptagon.de

heptagon